这才是清朝

鹿鼎公子◎著

2

第2版

定鼎中原

中国法制出版社
CHINA LEGAL PUBLISHING HOUSE

总序

清史洋洋洒洒近三百年，三百年间怪事、奇事、惨事、恨事迭出，三百年年年都精彩，年年都有挥之不去的喜怒爱恨。整个清朝三百年，道不尽的风云爱恨。

努尔哈赤以十三副铠甲起兵，建立了后金，身后留下了无数的尸体，却最终倒在宁远城下，栽在“书生”袁崇焕手中，这是对一个暴力征服者的最大讽刺。随后，努尔哈赤诸子开始斗智斗勇，最后皇太极靠谋略成功上位。

皇太极穷其一生的精力都在与明朝对抗，不幸暴毙后，大清国的统治陷入危机，多尔衮与豪格之争最终便宜了顺治。多尔衮率领清军入关后，成为皇父摄政王，将全国军政大权操于一手，顺治完全被架空。此时，孝庄和顺治母子随时都有生命危险，危难关头，孝庄稳住多尔衮，终于使大清逃过这一劫。

顺治是个痴情天子，亲政后经常跟母亲孝庄闹不愉快，结果自己和董鄂妃双双早逝。康熙继位时年仅八岁，不过这是个早熟的孩子，也是个很有天赋的孩子，很早就懂得帝王之术。在别人还是懵懂少年时，他就已经像个猎人一样盯紧了鳌拜，除掉鳌拜之后，康熙终于有机会施展自己的雄才大略。

康熙神不知鬼不觉地除掉鳌拜，平定三藩之乱，收复台湾，荡平准噶尔，击退沙俄……

雍正在治国理念上最大限度地奉行韩非子的法家思想。乾隆是个自作聪明的皇帝，他继位后，废除雍正的严刑峻法思路，重新走康熙的路子。但乾隆并不懂康熙真正的治国精髓，结果变成了外用儒术、内用权术，所以清朝在乾隆时期开始走向衰落。

自乾隆后期，动乱纷起，尤其是白莲教起义几乎波及整个中国。到了嘉庆手中，国家元气已大伤，嘉庆虽然是个仁君，可惜终究没有先祖那份雄才。他虽然减缓了国家的衰败，但始终没能重振大清的雄风。到了道光手中，国家就更惨了，第一次鸦片战争被英国人欺负得够呛，国内的动乱更是风起云涌。

咸丰就更悲剧了，太平天国和天地会起义，全国天翻地覆。更糟的是英法联军来了，他连京城都保不住，年仅三十岁便郁郁而终。咸丰死后，朝政大权掌握在慈禧手中，国家每况愈下，虽然中途出现过洋务运动和维新变法，可惜终究是昙花一现。

清末虽然出现了曾国藩、左宗棠这样的中兴名臣，但亡局已定。最终，辛亥革命一声炮响，末代皇帝溥仪退位。

千古帝王，悠悠万事，功过自有百姓言，清朝这些事儿，就交给读者去慢慢品味吧！

序言

李自成攻入北京后，崇祯上吊自杀。然而，李自成并不是当真命天子的料，他当上皇帝后，农民军迅速腐化，对城内的百姓烧杀抢掠，北京城失控。更要命的是，李自成集团的“二把手”刘宗敏将吴三桂的爱妾陈圆圆据为己有，远在山海关的吴三桂得知这个消息，对李自成恨得咬牙切齿，这才与多尔衮勾结，引清军入关灭“闯贼”。

山海关一战，李自成被清军和吴三桂打得一败涂地，再次沦为流寇。多尔衮入关后，趁机将中原的政权据为己有。吴三桂骑虎难下，只好委曲求全活在清廷的羽翼之下，并协助清军消灭国内的反清势力。

一代枭雄李自成最后在湖北的九宫山战死，李自成虽然被灭掉了，但是还有很多反清势力。譬如，逃亡到南方的南明政权，还有张献忠的大西政权等。南明政权虽然是由朱家子孙领导，但实际上已经腐朽不堪，这些人根本没有志向光复大明，不过想仗着朱家子孙的头衔过几天醉生梦死的生活罢了。

在南明政权中也出现过像史可法这样的英雄，可惜无力回天。

自从张献忠死后，大西政权出现了李定国这样的英雄，李定国有很出色的军事才能，但受到孙可望的排挤，导致军队最后发生分裂。大西军也没能逃脱灭亡的命运。

国内的反对势力肃清得差不多时，多尔衮开始着手收拾政权内部的反对派，他逼死豪格，打击亲顺治的大臣，将朝政大权全部集中在自己手中。孝庄和顺治母子犹如大海中的一叶孤舟，如果不小心惹怒多尔衮，随时都会翻船。

孝庄是一个很有政治智慧的女人，她陪伴多尔衮犹如陪伴一头猛虎，除了随时察言观色，还一路将多尔衮的头衔提到皇父的地步，这才避免多尔衮弑君自立的野心发作。

从顺治和孝庄的矛盾来看，孝庄与多尔衮的关系深深地刺伤了顺治幼小的心灵，最后董鄂妃早逝，顺治不久也患上天花，与董鄂妃做了一对短命鸳鸯。

顺治的一生是一个悲剧，由于长期生活在多尔衮的阴影之下，他变得身心扭曲，一直没能找到身心的平衡，最后出家未成，短命而逝。生在帝王家对他来说也许是一种不幸。

目录

第一章　多尔衮摄政

多尔衮耍手段之后，总算当上了摄政王，也就是大清国的实际领导人。可怜小顺治才六岁，就被迫离开慈母的怀抱，坐在冷冰冰的龙椅上，看着下面一帮衣冠楚楚的大臣发呆。

英“熊”出场

一个旧的英雄死去，总意味着新的英雄出场。

清朝这个新英雄的名字叫多尔衮。

多尔衮在满语中是“熊”的意思，爱新在满语中是“黄金”的意思。我们看多尔衮的画像，长得也确实有点像熊，人如其名。

多尔衮可以说是清初一大绯闻男，关于他的各类小道消息实在太多，可这些花边新闻并不能掩盖多尔衮的功绩。虽然是个绯闻明星，但多尔衮是个不折不扣的实力男。

1612年11月17日这一天，多尔衮就出场了。

多尔衮的命运很大程度上与其母亲阿巴亥有关，努尔哈赤非常宠爱阿巴亥，希望让阿巴亥的儿子多尔衮、多铎中的一个继承汗位。可惜，人算不如天算，阿巴亥不仅没有光荣完成使命，最后反而被以皇太极为首的贝勒们给逼死，那一年多尔衮十四岁。

应该说，自从第一次汗位争夺失败到皇太极去世，多尔衮始终处于配角的地位，有时候连配角都算不上。多尔衮优秀的地方在于他演好了这个配角，皇太极死的那天，多尔衮终于感觉到自己唱主角的机会来了。

皇太极死后到顺治入关登基这段历史中，有三个主角：多尔衮、孝庄太后、顺治帝。在这三个主角中，又以多尔衮和孝庄为主，至于顺治帝，则活在这两人的阴影中。

我们先来为这个“男一号”做一份简历。

姓名：爱新觉罗·多尔衮

性别：男

生卒年：1612年至1650年，享年三十八岁

民族：满族

出身：老爸是努尔哈赤

学历：没有接受正规教育，自学成才

最无法释怀的事：母亲阿巴亥被皇太极逼死

最遗憾的事：讨了一大堆老婆，只生下一个女儿

人生轨迹：王子—和硕额真（掌握一旗兵力的贝勒）—辅政（大清国第四号人物）—叔父摄政王—皇叔父摄政王—皇父摄政王—追封为懋德修远广业定功安民立政诚敬义皇帝（成宗）—被削官爵，撤掉庙享

从多尔衮的基本情况中我们可以看出，这个人的出身确实好，他是皇二代。

当然，多尔衮首先得感谢有个好父亲，其次得感谢有个好母亲。多尔衮最痛苦的事情是碰上一帮难缠的兄弟，像代善、皇太极这些人都不是什么善类，如果没有这些狼兄虎弟，汗位对多尔衮来说可能性会大一些。

因为这些兄弟的存在，多尔衮本来应该很美好的人生出现了许多坎坷。先是母亲被逼死，十四岁成为孤儿。母亲被逼死后，小小年纪的他就懂得了一个道理，做人要靠自己。只要能沉得住气，是金子总会发光的。皇太极死后，多尔衮当上摄政王，辅佐皇太极的第九子福临。多尔衮当了七年摄政王，带领清军入关，统治了中原的大部分地区。

多尔衮能够当上摄政王，差点还当上皇帝，不只是因为背景好。多尔衮之所以能够大权独揽跟他在皇太极在位时期的表现有很大的关系，他的表现可以用四个字来形容：非常出色。

在顺治元年（1644 年）的时候，多尔衮是叔父摄政王；第二年，他就升级了，升为皇叔父摄政王；到顺治五年（1648

年）的时候，他成为皇父摄政王，明明白白地在皇帝面前称老子。多尔衮是有这个资本的，不光是因为国家大权掌握在自己手中，还因为顺治母子也要倚仗自己。

所以，我们应该能够理解顺治的心情，顺治很排斥母亲孝庄，对多尔衮更是恨之入骨。这事搁哪个小孩身上反应都是差不多的，所以多尔衮死后，顺治毫不犹豫地褫夺了他的一切。

有人总结多尔衮有五大失败，其中就有死后被顺治帝褫夺一切。我们来看看这五大失败是不是真的很失败。

第一大失败是努尔哈赤死后，多尔衮争夺汗位失败。这次争夺汗位我们前面已经提到了，多尔衮的母亲被皇太极逼死，其实这次失败压根就不干多尔衮啥事，纯粹是阿巴亥和贝勒集团的斗争。多尔衮那么小的一个孩子，根本谈不上什么失败。而阿巴亥碰上了皇太极这样一个对手，也几乎没有胜算。

第二大失败是与皇太极长子豪格争夺帝位失败。这次失败勉勉强强可以算得上是失败，有人说，多尔衮那么有本事的一个人，没有当上清皇帝，实在很失败。但是，其实多尔衮这次也没有做错什么。要知道，代善、济尔哈朗、豪格那些人摆在那里，若强做出头鸟那才是真的失败。作为一个高明的政治家，多尔衮选择委婉掌权，换一个角度，也可以说是非常成功的。

所谓的多尔衮的第三大失败就更荒唐了，说多尔衮到死都和孝庄的关系不明不白，到现在一些专家学者还为此争论不休，所以很失败。这恰恰是多尔衮成功的地方，如果什么都让后人知道了，那才真叫失败。

第四大失败，多尔衮妻妾成群，只生了个女儿，还让人非常怀疑这个女儿是不是他的。但是这项失败是无奈的，换句话说，是多尔衮自己无法决定的。

第五大失败是顺治帝褫夺多尔衮的一切，这个失败也是多尔衮不能掌控的，而且跟第四个失败关系密切。如果多尔衮有儿子，想办法把顺治废掉也行，可惜，没办法。多尔衮死后，顺治想怎么着就怎么着。要说多尔衮有多喜欢顺治，那也未必，大半辈子了，没个儿子，总得找个寄托吧！多尔衮连顺治的老妈都未必很喜欢，又岂会把这小孩放在心上。

在上一本书的末尾我们曾提到，皇太极未成年的孩子很多，多尔衮要做摄政王未必一定要立福临，难不成这孩子长得特别可爱，一看就是当皇帝的料？事实可能恰恰相反，顺治在当时看来就不是一块当皇帝的料。那多尔衮为啥要选择福临呢？

这还得从孝庄说起！

孝庄是个谥号，原谥号有十九个字：孝庄仁宣诚宪恭懿至德纯徽翊天启圣文皇后。大家简称她为孝庄。

很多野史中把多尔衮和孝庄描写成青梅竹马的一对，好像是皇太极横刀夺爱一样。真实历史跟这相差十万八千里，孝庄不是满洲人，是蒙古人。孝庄出生于漠南蒙古的科尔沁部，跟建州女真隔着几百公里。

只不过，努尔哈赤和科尔沁部很友好，经常搞联姻。孝庄的原名是博尔济吉特·布木布泰，前面是姓氏，后面是名字，名字的意思是多子多福。孝庄一生虽然只有一个儿子，但福气确实是无双的。

这种无双的福气并不是来自什么运气，而是来自这个女人的心计和手腕。

裙带政治

有的陈年旧事会发霉，但多尔衮和孝庄那些事儿却是酝酿得越久越让人遐想。

在电视剧《孝庄秘史》里，庄妃即孝庄，她的小名叫大玉儿，这个称呼来自野史，野史称她为玉妃。根据野史的说法，庄妃小时候长得特别漂亮，皮肤像凝脂一样，皇太极娶了她后，便封她为玉妃。这个说法是不可靠的，因为在皇太极生前，孝庄的称号是庄妃。至于玉妃这个称号很可能是对海兰珠的昵称，海兰珠在蒙古语里的意思就是玉。

历史爱好者们喜欢“添油加醋”。由于孝庄在历史中的独特作用，后人把她夸得天花乱坠，甚至认为她是满蒙第一美女。皇太极这人挑选老婆是为了政治需要，所以他对孝庄的要求应该也不是很高。

皇太极生前，没看出来对孝庄怎么宠爱，唯一让皇太极不能淡定的女人是孝庄的姐姐海兰珠，她才是个货真价实的美女。在皇太极生前，孝庄被忽视，在皇太极死后，她移情别恋也是正常的。

那么，她跟多尔衮那些事儿，可能就有些你情我愿的成分在里面，不全是为了保全自己儿子的地位。这个是可以理解的。

多尔衮和孝庄虽然谈不上青梅竹马，但确实很有可能早就见过面了。

在庄妃一岁的时候，也就是万历四十二年（1614年），她的亲姑姑哲哲嫁给了皇太极。可能庄妃也被人抱着参加了婚礼，那时多尔衮也才两岁，穿着开裆裤在地上爬，或许两人爬到一块儿抢糖吃也说不定。这种见面可以说没有任何意义，对于他们感情的建立毫无帮助和影响。

在庄妃两岁的时候，她还有一个机会可能结识多尔衮。那一年，努尔哈赤又向科尔沁部伸手要老婆。虽然努尔哈赤一把年纪了，但科尔沁部也不好拒绝。这次联姻，可能给了庄妃和多尔衮一个见面的机会，但即使见面估计也就是两小孩你在我脑袋上拍一下，我在你脑袋上拍一下。

多尔衮和庄妃真正见面是在多尔衮十一岁、庄妃十岁的那一年。这时，多尔衮结婚了，当然结婚对象不是庄妃，不过庄妃也在现场。没人知道她当时是不是满脸醋意，但有可能，她会说一些祝贺多尔衮的话：讨老婆了，早生贵子啊！多尔衮则客气地回道：谢谢。

两年后，孝庄也结婚了，当然那时还不叫孝庄，我们为了方便，统称她为孝庄。当时，努尔哈赤还没死，孝庄的老爸就看中了皇太极，把孝庄嫁给了皇太极。

孝庄嫁过去的时候，皇太极已经三十三岁了。嫁给皇太极后，孝庄就和自己的亲姑姑一起侍奉着这个男人。哲哲跟他那么多年，硬是没有生下一男半女。科尔沁部把这个光荣的使命寄托在孝庄身上，希望她能一鼓作气生下几个胖小子。

可惜，这个孝庄也很不争气，跟了皇太极九年，毫无动静。没办法，皇太极的品位太过挑剔，非得海兰珠这样的极品美女才能让他爱得死去活来。海兰珠来了不久，就怀上了孩子，本来皇太极爱屋及乌准备立这个孩子为太子。可惜，海兰珠争气，孩子不争气，出生后两百多天便夭折了。这下，让皇太极和海兰珠伤心得跟什么似的。

海兰珠的儿子夭折后，孝庄生下了福临。

可以想象，在皇太极生前，孝庄就应该挺照顾多尔衮的。否则等到皇太极过世的时候，孝庄再哭哭啼啼地跑到多尔衮面前，那是行不通的，临时抱佛脚在多尔衮这儿不管用。

福临能当上皇帝，离不开其母亲的苦心经营，多尔衮绝对不是一个容易打发的人。福临还真的应该感谢他这个伟大的母亲。

多尔衮要手段之后，总算当上了摄政王，也就是大清国的实际领导人。可怜小顺治才六岁，就被迫离开慈母的怀抱，坐在冷冰冰的龙椅上，看着下面一帮衣冠楚楚的大臣发呆。

机会是别人给的

让我们来回顾一下多尔衮的童年。

多尔衮出生于明朝万历四十年十二月二十五日，这一年是公历 1612 年。

多尔衮出生的时候正赶上大好盛世，努尔哈赤的事业越来越红火。当然，谁也没想到多尔衮将来会成为大清的掌舵人，而且正是因为多尔衮的手腕与智慧，才让大清顺利度过危机，避免了失败的命运。考虑到当时竞争的激烈，崇祯、李自成、张献忠这些人个个都不是省油的灯，我们就更加佩服多尔衮的领导水平了。

努尔哈赤曾经在古勒山大败九部联军，抓获了乌拉贝勒满泰的弟弟布占泰。要知道，满泰的女儿阿巴亥就是多尔衮的母亲。在抓获布占泰后，努尔哈赤格外开恩，没有杀他，反而将他收养。但是，布占泰忍辱负重，在努尔哈赤的地盘苟且偷生，一朝离开，如同越王勾践，迟早要回来的。

智谋方面，布占泰是足够的，可是军事上他远远不是努尔哈赤的对手。布占泰回到自己的地盘后，杀掉亲哥哥，自己当上了贝勒，开始了与努尔哈赤的持久战。中间打打停停，打不过的时候就和亲，多尔衮的母亲阿巴亥就是在这种情况下被布占泰送到努尔哈赤的后宫中的。

多尔衮在亲情这方面是非常尴尬的，父族是母族的大仇家，这事让人特别纠结。努尔哈赤最后灭了乌拉，布占泰流亡而死，阿巴亥就相当于败国之女。通常败国之女是要做奴仆和奴隶的，至少地位是不会高的。

阿巴亥的人生面临着严峻的考验，一个国家灭亡亲人离散的孤女是否有足够的坚强面对人生这次重大的考验？

我们的担心实在是多余，阿巴亥绝对是一个女强人。我们就不说她的美貌了，就说她的心计、手腕和生存能力，阿巴亥绝对是一个生存能力和适应能力特别强的人。

努尔哈赤灭掉乌拉之后，举国欢庆。这欢庆的声音在阿巴亥听来是多么刺耳。她陷入了忧虑和思索之中，当时阿济格已经八岁，多尔衮还在襁褓中，多铎还没出世。是啊，这母子三人将来如何在险象环生的环境中活下去呢？

聪明人是一定会想到办法的，阿巴亥明白，自己与两个孩子的命运全系于一个人的身上，那就是努尔哈赤。

努尔哈赤让他们活得很好，他们就可以活得很好；努尔哈赤让他们活得不爽，他们就不可能活得舒服。

找到问题的关键，事情就好办得多了。阿巴亥对症下药，取悦努尔哈赤，最终不仅保住了原有的地位，还一步步获得了努尔哈赤的宠爱，让他把大部分的心思都放在她的身上。

史书对阿巴亥的记载非常少，但是有六个字给人留下了深刻印象：饶风姿，有机变。一个美貌又狡黠的女人。由于阿巴亥的机敏，多尔衮的地位也有了保证。

日子一天天地过，多尔衮没有辜负这大好光阴，他勤于学习，喜好骑射，文武双全，是个不折不扣的上进少年。多尔衮的童年在母亲的庇护下成长，应该说前途一片光明，风雨之后很可能见彩虹。

天命五年（1620年）发生了一件大事，不仅改变了阿巴亥的命运，也改变了多尔衮三兄弟的命运。

这一天，努尔哈赤召集八旗贝勒和大臣们开会，努尔哈赤发表了一番有礼有节的讲话之后，让各个贝勒指天发誓，从今以后一定要友好。努尔哈赤不会莫名其妙地让自己的儿子和侄子们突然之间发表什么"互不侵犯条约"，其中一定有缘由。

我们先来看看这些人的誓词，需要重点关注的是大贝勒代善的誓词，内容是这样的：我没有听从汗父的教导，没有听取众兄弟的意见，以致听信妻子的谗言，丧失了汗父委托给我的军政大权，现在我手刃自己的妻子，以对过去的罪孽忏悔……

事情的经过是：代善听信小老婆的话，企图杀害自己的儿子硕托。代善这个人好色是出了名的，特别没出息的一个人，他就因为这事把太子之位弄丢了。不过，话说回来，这个人也根本不配当继承人。

原来，努尔哈赤是借这次开会达到一石三鸟的目的。第一，代善残害自己的儿子，革去他的太子之位；第二，从今以后，你们不要做自相残杀的事，都是自家兄弟，要友好（当然，努尔哈赤杀害自己的兄弟是形势所需）；第三，借着这个机会，提出由八个和硕额真共同议事，集体领导。

这对我们的主人公多尔衮来说是一件好事，他因此当上了和硕额真，圆桌边提前给他预留了一把椅子。

代善做的荒唐事可不止这一件，他竟然跟自己的后母富察氏通奸。虽然努尔哈赤没有跟他算账，但富察氏因此而死，阿巴亥顺利地晋升为大福晋。

阿巴亥晋升为大福晋后，阿济格、多尔衮、多铎的政治地位就提高了一个档次，多尔衮兄弟们在政治上的机会首先要感谢代善这个老大哥自掘坟墓。

我们来看看代善是如何挖掘自己的坟墓的吧！

第一件让努尔哈赤很不爽的事情是房产之争。根据《满文老档》的记载，代善有一次占了一大块地，在那里修房子。耽于享乐的代善把房子盖得相当不错，比努尔哈赤的住宅还好——这已经是错误了。有一天，努尔哈赤过来视察。看到代善的房子修得相当好。代善及时补救道："这栋房子修得比汗父的房子要宽敞舒适，希望汗父能在这里居住。"

努尔哈赤一听，满意地点头："代善，你是个孝子啊，那好吧，为父也不客气，就在这里住下，你就去住我的房子吧！"

代善只得去住努尔哈赤的房子，结果很不舒服，老是嫌房子狭窄。二贝勒阿敏知道后，将此事报告给努尔哈赤。努尔哈赤很生气地说：“如果嫌我的房子不够宽敞，那我就住回我原来的地方吧！既然他舍不得他的这房子，那你就让他再搬回来住吧！”

就这样，努尔哈赤回到了自己狭窄的地方去住，把好的别墅让给了代善。让归让，内心对代善显然是失望的。

这么一看，我们觉得代善实在是太差劲了，你的房子都已经给了老爸，你又舍不得。既要表现得非常孝顺，又要斤斤计较，反反复复的一个人，显得有些小家子气。

代善做的第二件蠢事是虐待自己的儿子硕托，要知道，硕托不光是代善的儿子，还是努尔哈赤的孙子。努尔哈赤虽然跟自己的兄弟很不和睦，但是非常希望子孙后代能和睦相处，因为这些人都是他的子孙。

硕托和岳托都是代善前妻的儿子，岳托是长子，硕托是二子。这时候，代善的福晋是纳喇氏。人们不禁好奇，代善为什么要虐待自己的儿子，甚至打算处死他呢？原来，硕托和莫洛浑（硕托的一个属下）的姐姐私通，阿敏的弟弟斋桑古又和莫洛浑的妹妹私通。结果，这事被人告发，硕托和斋桑古都准备逃跑。努尔哈赤得知他们要逃跑的消息，很担心他们叛变。最后，努尔哈赤派人把他们追了回来，杀掉了莫洛浑夫妻，把斋桑古和硕托囚禁起来。代善听到这事，极力主张杀掉硕托。努尔哈赤不答应，代善再三请求，也许他是想洗脱跟硕托之间的嫌疑，怕人说硕托受他指使逃亡。在努尔哈赤得知他们是因为通奸而逃后，实际上就不准备杀掉他们了。

在努尔哈赤眼里，最大的罪孽不是通奸，而是叛变，像长子褚英，既没有做出代善那样有伤风化的事，也没有实际的谋反举动，仅仅因为具有了与他分庭抗礼的势力，就被努尔哈赤干掉了。

其实，代善当时已经面临着跟褚英一样的命运，只是能力差点，所以努尔哈赤觉得没必要下重手。你要杀硕托，老子偏不杀，反而保护硕托，让他跟着爷爷混。

努尔哈赤后来调查发现，岳托和硕托率领的部队比代善其他儿子的要差，便要代善给出个理由。代善始终不肯正面回答，反而说硕托跟自己的一个小妾通奸。努尔哈赤很愤怒，代善听信小老婆的鬼话，故意打压硕托，还说硕托和代善的小老婆通奸。经过调查之后，努尔哈赤发现代善确实诬蔑了硕托，便让代善亲自动手杀掉那个小老婆。

就这样，努尔哈赤废掉了第二个太子代善。太子之位一直是空的，皇太极不是以太子的身份上位，是通过权力斗争的途径登上了宝座。皇太极能够荣登大宝是因为阿巴亥集团的势力太强大了，如果阿巴亥弱一点，或许皇太极上位不会这么快。正因为阿巴亥强，大家都怕她，所以才坚定地支持皇太极，打掉阿巴亥集团的首脑阿巴亥。

从某种意义上来说，阿巴亥是被努尔哈赤害死的，努尔哈赤不应该给没有丝毫战功的阿济格、多尔衮和多铎那么高的政治地位，甚至让他们各掌一旗。当然，努尔哈赤的和硕额真制度也是值得推敲的。努尔哈赤这样做是为了防止后代自相残杀，还有一点是他认为这样做有利于后金国的统治。

但是努尔哈赤错了，和硕额真制度不但不利于团结，反而加剧了子孙相煎的急迫性，更不利于国家的稳定和统一。这种做法等于是将国家分成八个山头，山头与山头之间，军阀和军阀之间，大家说能和平共处吗？

皇太极上台之后，当然会打压那些限制自己权力的和硕贝勒，他这么做是没错的。如果不这么做，政令无法推行，清政府高层就会陷入窝里斗的泥潭。在当时的情况下，根本没有其他选择。

在斗倒阿巴亥集团和收回领导权力方面，皇太极表现出了高超的政治智慧。皇太极死后，多尔衮面临着跟皇太极当初相似的局面，不过多尔衮终究是棋差一着，没有打败皇太极集团，无缘九五之尊。

第二章　逐鹿中原

当时的形势下，吴三桂是一个决定性的人物，就像楚汉争霸时的韩信，他把宝押在哪边，哪边的胜算就大大提高。在这个紧要的历史关头，吴三桂成为决定历史走向的重大筹码。刚开始的时候，吴三桂的重要性不仅令李自成没有想到，连多尔衮都没想到。

吴三桂起兵

我们再回到皇太极刚死不久那会儿，多尔衮将朝政摆弄妥帖之后，听到李自成正向北京挺进的消息，大喜。

喜事年年有，今年特别多。这么好的一个机会多尔衮是不会放过的，他将朝政交给另一个摄政王济尔哈朗，自己率领大军向南挺进，企图大干一场，实现努尔哈赤和皇太极都未能实现的梦想。

在动手之前，多尔衮派人联络李自成，提出大家有福同享的建议。李自成没理他，心想我被洪承畴打得抱头鼠窜的时候，也没听说你要跟我有难同当，现在想有福同享，没门。这让多尔衮很不爽。在出征之前，多尔衮曾咨询资深谋士范文程，范文程建议他入关直取北京，同时建议他严肃军纪。

大将军多尔衮率领十四万人马，浩浩荡荡地向中原冲去。顺治元年（1644 年）四月初九，多尔衮从盛京出发，一路上所向披靡，进展神速。四月二十一日，大军抵达山海关，镇守山海关的是明朝著名将领吴三桂。

吴三桂本来也可以算是大明的忠臣，他的舅舅祖大寿曾经劝他投降，他坚决不同意，表示三桂生是大明人，死是大明鬼。在京城被攻破之前，崇祯急调吴三桂回京师勤王。吴三桂接到圣旨，二话没说就上路了。在走之前，吴三桂还把宁远城里面的物资和建筑一把火烧得干干净净。因为他很清楚，自己这一走，宁远肯定是保不住了。

吴三桂虽然看起来很听话，但是他的表现却让人很诧异。他不光是带兵走，还把老百姓也迁走。如果只是正常的迁徙是可以理解的，但这时候，崇祯皇帝的脑袋都快保不住了，你还带着五十万人的老百姓慢悠悠地往回赶，人多物多，行军速度非常慢。吴三桂这么做也有他的理由，一方面他的家人还在北京，如果他不回去勤王，崇祯可以把他全家人的脑袋全部砍下来。另一方面如果真的急行军回去，他不过几万兵马，而要面对的是李自成的百万大军。实力悬殊，吴三桂这么精明的一个人，正常情况下是不会做亏本生意的。

吴三桂刚到河北丰润的时候就听说李自成已经攻破北京，崇祯皇帝上吊自杀了。听到这个消息，我们不知道吴三桂究竟是什么反应。我估计他一时之间有些不知所措，感觉脚下的大地在塌陷，突然之间好像变成了个大明孤儿，不知该何去何从。

经历过最初的惘然之后，吴三桂不得不面对现实，冷静思考。摆在面前的路只有两条：要么投降李自成，要么投降清军。经过一番激烈的思想斗争，吴三桂选择了李自成，一方面因为自己的家人都在他的手中，另一方面也因为大家都是汉人。投降李自成后，自己好歹也算是开国元勋，就算不能封王，至少也能封个侯。明朝的许多文武大臣都投降了李自成，自己不能跟不上。

李自成方面，对吴三桂也是非常重视的，他进京后就给了吴三桂一封招抚书，你归顺我之后，封侯是底线。吴三桂安心了，以后就踏踏实实地跟着李自成吧！我们前面提到，吴三桂的老爸吴襄是一个逃跑能手，归顺李自成后，他也给儿子写了一封信，劝说他归顺李自成。

吴三桂好歹算是个孝子，于是，欢欢喜喜地去北京，而且一路上贴告示安民：“我吴三桂率领部队去朝见李自成，一路上定当秋毫无犯，大家不必惊慌。”

要想知道吴三桂最后为什么背叛李自成，我们还得先了解一下李自成进京后做了些什么事。

李自成的农民军一路势如破竹，攻入北京后，李自成欣喜若狂。士兵们好多天没有吃饱饭了，现在终于可以好好犒劳他们，打赏弟兄。可是，进入皇宫后，李自成大失所望，他遍寻皇宫，只搜出十七万两黄金，十三万两白银。李自成当时的反应不仅是失望，堂堂大明怎么会穷到这地步。但如果没有足够的银子的话，是很难打发这帮为自己卖命的兄弟的，李自成陷入了不安之中，他担心军队会因此而发生动乱和哗变。

焦头烂额之中，刘宗敏献出了一条“宝计”：“大哥，咱们向京城的大户人家动手吧！”第一个向李自成献财的是曹化淳，献出不少银两，当农民军发现致富的途径如此简单之时，危机在暗暗酝酿。当时，李自成似乎没有什么别的选择，大军等着吃饭和用钱，除了抢劫似乎找不到更好的出路。所以说，李自成是亡于形势，并非完全是后人所说的腐化堕落。

后来，新朝宰相牛金星发布布告：“明朝的各官都要按次序来朝见新王，违令者斩。”

李自成把勒索明朝官员的事交给刘宗敏和牛金星，刘宗敏对这些人懒得审问，规定了各级官员必须献银的数量。然后下达了一条非常简单的命令：“献出银子者免死，不献者，大刑伺候。”

一夜之间，北京城内此起彼伏地响起官员的惨叫声。富人惨了，严刑拷打不说，家里还被抄。千万别以为穷人就翻身了，穷人也很惨，家里的粮食被抢掠，充作军粮。

整个北京城一片惨象，这时连李自成也看不下去了，他责问刘宗敏：“你们怎么就不把我的形象当回事呢？”

刘宗敏也是个厉害的人：“行政大权归你，我是武将，杀烧抢掠这些事归我。大哥，你就别插手了，放手让我干吧！”

李自成沉默了，刘宗敏虽然是自己的属下，实际地位却几乎跟自己平起平坐，很多时候根本不买他这大哥的账。回想李自成刚进京的时候纪律严明，到现在竟然变成了一帮强盗，简直让人痛心。

最糟糕的是，第一个向李自成投降的明朝国戚李国桢居然是第一个被拷打致死的。这是一个非常糟糕的案例，等于告诉世人，你们千万别向我李自成投降，投降我的没有好下场。

吴三桂的父亲也在严刑拷打的范围之内，就在吴三桂屁颠屁颠地往京城进发的时候，忽然听到了这个消息，当真如五雷轰顶。再听说京城几乎沦为屠宰场和火葬场时，吴三桂简直崩溃了。自己这一进京的话，估计就是羊入虎口。所以呢，吴三桂降清并不是因为什么陈圆圆，陈圆圆只不过是一个漂亮的妾室而已。吴三桂首先是为了自保，其次是为了老父和一家老小，最后才是因为陈圆圆。

所谓“冲冠一怒为红颜”只不过是大明的遗老写诗讽刺吴三桂而已，那批遗老非常痛恨吴三桂，所以丑化他为了一个妾室居然卖主求荣，不仅是一个不忠的人，也是一个不孝的人。

所以，就算没有陈圆圆，吴三桂也是会和李自成撕破脸的。当时，吴三桂想到的是向清军借兵，而且是以大明孤臣的身份，口号是为崇祯复仇。

李自成亲自带兵征讨吴三桂，随军同行的还有吴三桂的父亲以及崇祯的三个儿子，以此逼迫吴三桂就范。

吴三桂当然不肯就范，给多尔衮发了一封急信，请求清军支援。收到吴三桂的信，多尔衮是犹疑的，一是担心吴三桂这个逃跑专家骗人，二是也不了解李自成的底细，不知对手几斤几两。

吴三桂先和李自成交手，结果这支著名的关宁铁骑竟然不是李自成的对手。其实，清军本来的路线不是往山海关方向走，洪承畴熟谙中原地形，担心李自成洗劫北京后逃往西安，便让清军从蓟州和密云出发，切断李自成的退路。多尔衮接到吴三桂献关的消息，大喜，立即改变行军路线，直奔山海关。

四月二十一日，清军抵达山海关，在关外的喜峰岭上结营。在喜峰岭上，吴三桂与多尔衮开始了一场艰难的谈判。多尔衮要给吴三桂裂土封王，要求吴三桂归降；而吴三桂坚持做大明孤臣，向多尔衮借兵，强调自己是“借兵”，而不是投降。

听说李自成大军正往山海关赶来，多尔衮和吴三桂只得暂且抛开分歧，共同面对这个大敌。李自成从探子那里得知吴三桂与清军勾结，不敢贸然挺进，派遣明朝降将唐通和白广恩率领先锋骑兵赶到抚宁县东南一个叫“一片石”的地方。多尔衮本来还是比较忌惮李自成的，想想看后金折腾了那么多年也没攻下北京城，而李自成仅仅几个月的工夫就拿下了北京城，不是非凡之人又是什么。

唐通和白广恩的到来给了多尔衮一个试探的机会，他想试探大名鼎鼎的李自成军队有多大的本事。结果一试就试出来了，清军打得唐通和白广恩抱头鼠窜。这一战只能说是过过手，清军虽然胜利了，但是对整个大局没有影响，可以算是清军的表演，给吴三桂展示清军的实力。

多尔衮又说：“三桂大兄为故主复仇，大义凛然。现在我率领大军入关，一定会严令士兵遵守纪律。如果有人敢抢哪怕一粒米，敢动哪怕一株草，我都会严惩不贷的。希望三桂大兄告诉关内的百姓，看到清军来了不要惊慌，大家都是友军。”

吴三桂很感动，两人宰白马乌牛祭天。多尔衮看套住了三桂大兄，便得寸进尺：“三桂老兄，你还是剃剃头发吧，弄成和我们一样的发型吧！”

吴三桂当时准备冒火，但是人在屋檐下，不剃不行啊！只好跟着几个高级将领换了个发型，明军一时之间没法剃发，多尔衮便让他们在身上缠白布，混战之时，看到缠白布的，清军就知道是“盟友”。

条件都谈妥之后，吴三桂打开山海关。多少年来，多尔衮和皇太极的梦想在这一天变成现实，而且是兵不血刃，明朝人自己打开了这号称“天下第一关”的山海关。

李自成的灾难开始降临了，就人数来说他只有清军的一半。就战斗力来说，虽然他的农民军训练有素，但还不是清军铁骑的对手，就人心向背来说，李自成已经不再是过去的那支替天行道的王者之师，相反已经堕落为一支强盗部队。

李自成虽然知道吴三桂跟清军勾结，但是他万万没有想到清军已经入关，也就是李自成根本没想到吴三桂可以卖主卖得这么快，卖得这么有效率。

相对来说，李自成的压力不是很大，他觉得只要解决了吴三桂，然后据守山海关，抗拒清兵是不会有任何问题的。从这点可以看出，在收集军情这块儿，李自成是做得非常失败的。

有道是哀兵必胜，用在吴三桂身上似乎不是很合适。吴三桂的兵，那绝对是哀兵，崇祯皇帝被人端了，父子兄弟老婆被人挟持侮辱，这些事情实在是太可哀了。可惜，再大的悲哀也不能化为战斗力。吴三桂这支前锋和农民军从早上一直打到中午，打着打着就快不行了，而此时李自成正带着吴三桂的老爸和崇祯的三个儿子站在高冈上悠闲地瞭望。

忽然，李自成大惊，原来一群辫子兵从四面八方冲了过来。李自成虽然也是从血雨腥风里走出来的人杰，但是突然看到这一幕也差点晕了，赶紧掉转马头逃跑。

李自成这一逃跑，就是用脚趾去想我们也能想到是什么结果。我们可以想象这么一个场景，李自成骑着高头大马，奔逃的速度那是非常快的，农民军尸体的数目是跟李自成逃跑的速度成正比的。假如我们画一幅描述李自成逃跑的路线图，我们会发现这条路线的前三四十里堆满了农民军的尸体。

多尔衮看看自己的战果，又看看身边的吴三桂，心想要是没有眼前这个人，就没有今天这么丰富的斩获，高兴之下，立刻封吴三桂为平西王。

闯王李自成

山海关一战失败后，李自成带着几千残兵，逃到永平。为了发泄愤怒，他把吴三桂的老爸千刀万剐，最后把首级挂在高杆之上。这种行为改变不了局面，只能让吴三桂更加恨李自成这个人。

令人吃惊的是，自从山海关一战失败后，曾经百折不挠的“闯王”李自成忽然变得一蹶不振。二十六日，李自成逃到北京，手下只剩三万人。二十九日，李自成在北京匆匆忙忙地称帝，将吴三桂家里三十四口人统统杀掉。闻知吴三桂和清军进逼北京后，李自成火烧紫禁城，带领军队由山西河南两路逃亡西安。

有人评价李自成是一个不合格的政治家，这个评价应该说是没有问题的，不仅因为李自成用人不当，也因为他缺乏一个领导者必备的手腕。

我们来看看李自成的人生履历。

李自成本来只是一个驿站中的无名小卒，有点像现在的邮递员。

李自成没读过什么书。十三岁的时候就和一帮无业青年在关帝庙里拜把子，由于李自成这个人很讲义气，再加上膂力过人，骑射功夫了得，在当地有一定的名气。李自成也不是天生就反对明朝，在驿站工作的时候，他还是非常安分守己的，工资虽然不多，但是足够养家糊口，他就心满意足了。

可惜，工作没几年，明政府迫于财政的压力大幅裁员，这样一来，李自成就失业了，面对千千万万和他一样衣食无着的百姓们，他意识到：只有参军才能活下去。

事实证明，李自成还真是打仗的料，在军中没待多久就升到了把总的位置。那时候的李自成年轻气盛，非常冲动，虽然当上了把总，但他也只是一介武夫。平时有话不爱好好说，跟人谈不拢就抡起拳头狂扁别人。后来，因为欠饷的事情，他居然把自己的上司给杀了。

这次事件使李自成走向明朝政府的对立面，最开始，李自成的起义军还很弱小，但在随后的作战中逐步壮大。

崇祯十三年（1640 年）的时候，李自成被明军将领左良玉打败，逃到河南。在河南，他结识了李岩和牛金星，后来牛金星又给他推荐了宋献策。正是这些文臣谋士的加入让李自成逐渐有了王者气象，在这些人的建议和改造下，李自成这支部队不再是一支毫无纪律的部队，而是一支有理想有目标的正规军。

李自成率领大军向北京进逼的时候，崇祯本来是准备南迁的，连逃跑路线都确定了，所有东西都准备好了，只等拔腿就逃了。

崇祯为何最后没有选择逃跑呢？

是这样的，在李自成攻破北京前的一个月，崇祯有一次召集群臣讨论南迁事宜。李邦华和李明睿都主张南迁，大家知道，崇祯是一个死要面子的人。他即使心里想要南迁，也一定要大臣提出来，大家都觉得应该这么做，才会行动。

听了两个大臣的建议，崇祯又把目光转移到内阁首辅陈演身上，在此之前，崇祯对陈演说过，南迁这个事还得先生表态啊！那意思很明显，即便是南迁，也要大家高高兴兴，都这么想才成。陈演如果点点头，也算是给皇上面子了。可惜，这个陈演城府太深了，他没有点头，也没有反对，只是沉默，令人难堪的沉默。

崇祯再三套他的话，希望他能赞成，可惜陈演不为所动。陈演到底在想啥，“多磕头，少说话”，陈演的想法大概也很类似，不赞成会得罪皇帝，搞不好还会亡国，到时后人就会把责任推到自己头上；赞成的话，大家也会骂自己这个首辅是个缩头乌龟，敌人来了就逃，跟南宋那帮没用的大臣有什么区别。所以，最好的方式就是沉默，沉默无罪，开口有罪。

崇祯只好问他，你身为首辅，这么大的一个事儿你得拿主意啊。陈演是怎么回答的呢？陈演说，南迁一事是李邦华等人的主意，皇上圣明，一切全凭皇上定夺，此事微臣实在没有发言权。

听到这个回答，崇祯很愤怒，他的自尊心受到了伤害，他感觉自己被鄙视了。陈演虽然没有直接鄙视他，但间接地鄙视了他。本来，提出南迁他就觉得脸上挂不住了，现在你陈演又是这种态度，分明是让他这个皇帝难堪。

就这样，也许只是为了一口气，崇祯决定放弃南迁。

人们常说人活一口气，其实更多的时候不应该为一口气冲动。崇祯这辈子就是太意气用事，导致了那么多的失败，如果他能够在适当的时候忍气吞声，大明江山或许不会亡在他的手中。

在这朝堂之上，崇祯说出了一句气话：“国君死社稷，义之正也。”用我们现在的话说，死就死吧，有啥大不了，我是皇帝，活该为国家殉葬。

大家一听这话，知道皇上较真了，又有人提出一个权宜之计，建议让太子在京城监国，皇上带着文武大臣南迁。

可惜，崇祯一口回绝，由此可见，崇祯的脾气确实非常犟。

到李自成进京后，我们终于明白为何陈演当初沉默了，他和成国公朱纯臣带着文武百官跪迎李自成。在欢迎新君的工作上，陈演表现得非常积极，尽管如此，也没有收到预料中的效果。

陈演这个人虽然在崇祯面前一副深沉模样，实际上在背后尽干些欺上瞒下的勾当。投降李自成后，他发现自己非但没有受到优待，反而备受侮辱和欺凌，刘宗敏的夹棍还没上来，他就乖乖地献出四万两银子。够大方吧，之前崇祯让他捐款打仗的时候，他一再说自己清廉，毫无余钱。花钱未必能买回命，李自成出征山海关之前担心后方这些明朝元老作乱，决定将这些人斩首。陈演一听，吓得快尿裤子，立即表示如果李自成能够网开一面，他可以献出自己所有的钱助饷。

尽管陈演付出了所有，但最终还是难逃一死，相信他死的时候应该很怀念崇祯吧！

历史的关口

刘宗敏，陕西蓝田人，跟李自成是老乡。刘宗敏是打铁出身，身材非常魁梧，打仗从来不怕死。在李自成成功的路上，刘宗敏起到了不可替代的作用。特别是李自成在潼关被围的时候，刘宗敏可以说是一直在李自成身边，跟他一起突围。

所以，李自成对刘宗敏非常器重，把他看成好兄弟，两人之间更像是兄弟关系，而不是上下级的关系。刘宗敏掌握着大顺军最精锐的部队，在军队中很有号召力，虽然他没什么文化，说话直来直去，但是在军队中他稳坐第二把交椅。

进京后，催饷的事情就落到刘宗敏头上。事实证明，刘宗敏的办事效率可以进入吉尼斯世界纪录。他根本不讲任何道理，上来直接就大刑伺候。不拿钱就让你体会生不如死的感觉，比如他摧残大学士魏藻德就是一个极好的例子。

刚开始刘宗敏让魏藻德掏钱，魏藻德说没有。

刘宗敏也没有驳斥他，而是问道："你身为首辅，搞得天下民不聊生，你脸红不？"

魏藻德不脸红，说道："那是先帝崇祯的责任，跟我没有关系。"

刘宗敏一听，立即让人掌嘴，骂道："你吃崇祯的喝崇祯的，现在崇祯死了，你说他坏话，你这人也太不厚道了吧！打，给我狠狠地打。"

魏藻德还是状元出身，典型的手无缚鸡之力的书生，哪里经受得住这种拷打和侮辱，先是手脚被夹断，最后脑袋被夹破，脑浆迸裂。

进京之后，农民军被胜利冲昏了头脑，不光是刘宗敏，大家都失去了理智。这时候，头脑清醒的两个主要人物是李岩和宋献策。军师牛金星这时候也没有大局感，他唯一考虑的是自己宰相的位子，对李岩和宋献策非常疑忌，担心他们跟自己争夺宰相之位。

刘宗敏没什么文化，跟着他混的那些弟兄也没什么文化，大家对起义的理解非常简单，就是拿到银子后回到老家，做个地主乡绅，过着"老婆儿子热炕头"的生活。

李自成虽然知道要当皇帝，却没有考虑到当皇帝后，如何面对当前错综复杂的情况。没有处置刘宗敏就是他很大的一个失策。

崇祯虽然上吊自杀了，但李自成并没有意识到，其实自己的局面不容乐观，准确地说是危机四伏。但李自成并没有这种危机意识，从他只派区区几千人镇守辽东防线就可以看出，他既没有对形势的清晰认识，也没有那种迫在眉睫的危机感。

当时李岩曾经给他上疏为他贡献问鼎天下的战略，李自成仅仅在上面批复：知道了。“知道了”这三个字可以让我们感受到李自成心不在焉的样子。李岩的奏疏其实简单明了，他指出了四个亟待解决的问题：一、筹备登基大典；二、追赃的时候要区别对待，对于清廉的官僚应当赦免；三、把京城的兵马调到城外驻守，听候调遣；四、招降吴三桂，封他为侯。

李自成真正关心的是第一个问题，说实话，李自成这时候的心理肯定是浮躁的。他老惦记着皇位，心中容不下其他的东西。追赃一事由刘宗敏全权负责，李自成不想管也管不了。第三个问题也很难解决，农民军历经千辛万苦，好不容易来到北京，你不让他们进城，等于是断送他们的财路。李自成毕竟不是朱元璋那样的铁腕人物，这一点也没法做到。至于第四个问题，更是被刘宗敏搞砸了。

虽然大家都知道吴三桂重要，但显然李自成、刘宗敏这些人丝毫没意识到吴三桂到底有多重要。在当时的局势下，吴三桂不是一般的重要，而是非常重要。在刘宗敏的追赃过程中，吴三桂的父亲吴襄也未能幸免，一身老骨头哪能经得住粗暴的拷打，更令吴三桂气愤的是自己漂亮的小妾陈圆圆落入刘宗敏的手中。如果这时候李自成能够杀掉刘宗敏，也算是对吴三桂的一个交代，或许能挽回吴三桂。

在当时的形势下，吴三桂是一个决定性的人物，就像楚汉争霸时的韩信，他把宝押在哪边，哪边的胜算就大大提高。在这个紧要的历史关头，吴三桂成为决定历史走向的重大筹码。刚开始的时候，吴三桂的重要性不仅令李自成没有想到，连多尔衮都没想到。

李岩的上疏并没有引起李自成的重视，他根据自古以来形成的经验，明朝已经亡国，大顺朝取代明朝是顺理成章的事。李自成进京后，就派遣了明朝官员到地方上去任职，在李自成的意识里，定鼎中原是没有什么问题的。他没想到这中间隐藏的变数比他想象的要多得多。

李自成可能还抱着这样一层想法，吴三桂你现在走投无路了，你不得不投降，就算我不给你开支票，你也得投降，更何况我还给你开了支票。

吴三桂最后选择与李自成对抗，虽然有冲冠一怒的成分，但更多的还是理性选择。在当时的情况下，他认为李自成的集团让人失望，加入这个集团是绝对不会有出息的。

吴三桂是一个心思非常深的人，说他是老狐狸也不过分，对付老狐狸最忌讳的就是采取武力。老狐狸在任何时候都是可以争取的，但李自成根本没有争取他，而是选择了直接开打，这绝对是下下之策。李自成这么做无异于逼吴三桂走上绝路，没有回头的余地。

在这个重要的历史关口，李自成没有做出冷静明智的判断，从而造成了他一生中最大的失策，也因此葬送了大顺江山。

李自成的败亡

吴三桂从宁远城撤走后，等于是把关外防线拱手让给了清军。当然，这时候已经无所谓让不让了，明朝的大厦已经崩塌，天下是谁的都还说不清楚。

多尔衮是一个对利益特别敏感的人，李自成一攻破北京，他就知道有利可图，而且是大利。

中原现在是一个“大蛋糕”了，如何切分这个“大蛋糕”，获得最大的利益是多尔衮当前考虑的问题。现在的情况有所不同，是该好好冷静下来，琢磨琢磨新的战略了。形势变了，政策也得跟着变。

面对这种新的局面，多尔衮觉得有必要咨询一下资深战略家范文程。这时，范文程正在疗养，听到多尔衮召见自己，马上星夜赶往盛京。

范文程不愧是老江湖，一眼就看出现在跟秦末时的乱世差不多，老百姓最期盼的是出现“真龙天子”。范文程明确地指出，现在必须争夺天下，而最大的竞争对手是李自成。为了成功，我们必须改变策略，不能再像以前一样打砸抢烧，要安抚天下百姓。

在得到范文程的建议后，多尔衮倾巢而出。也是多尔衮运气好，大军还没出动，吴三桂就投怀送抱。范文程当即建议，先拉拢吴三桂，等大局定了以后，就由不得他了。

农民军在京城烧杀抢掠的时候，听说吴三桂“背叛”，李自成御驾亲征，双方在“一片石”一带展开了激战。战况非常惨烈，死伤甚众。清军的突然出现让李自成猝不及防，李自成眼看形势不对，立即逃跑。

李自成逃到北京后，匆匆忙忙地举行了登基大典，算是百忙中圆了皇帝梦。虽然明知这个梦不会长久，很快就会破碎，但李自成顾不上那么多了。好不容易爬到这个位置，至少得过一把皇帝瘾。

多尔衮和吴三桂的大军对其穷追猛打，李自成知道北京是待不下去了，决定回到西安。从北京到西安有两千多里的路程，李自成逃跑的过程中带了大量的金银珠宝，还没有出河北，就被清军狠狠地打了一顿。

这一仗发生在河北正定，李自成依山布阵，准备利用地形的优势，跟清军大干一场。没想到人一走下坡路，连老天都欺负，仗打到一半，突然间东风大作，黄沙漫天，而且风还是往李自成部队的方向吹。再加上李自成中了箭，军队士气大减。

这一战李自成输得又很惨。

李自成失败后，许多原先投靠大顺军的明朝遗老纷纷举起反对李自成的大旗。失败加上叛变，让李自成变得多疑，原本挺不错的一个人忽然之间变得脾气乖戾，居然听信军师牛金星的谗言，杀害了忠心耿耿又有器量的李岩。

李自成杀李岩一方面是听信了牛金星的谗言，另一方面也是因为自己后期老是犯错，没听李岩劝告，心里早已对李岩不满。这个时候，大顺军应该何去何从，在高层发生了分歧。一派主张往山西撤退，进军河南；一派主张进军河南，最后退往陕西。

这两种方案虽然殊途同归，但里面却大有学问。李岩就是因为主张进军河南，受到李自成的猜忌，最后被杀掉的。李岩为什么要主张进军河南呢？因为现在农民军正处于低谷，河南的许多官员要么投降清朝，要么投降南明，人心不稳。李自成之前在河南累积了一定的声望，收复河南，并不像想象中的那么困难。目前，河南由南明控制，清军不敢轻举妄动，南明军队的作战能力就不说了，所以收复河南、东山再起是很有希望的。

李岩的战略是非常正确的，大军在河南一旦崛起，可以趁机捣平江南，大顺军就有可能起死回生。根据李岩的判断，南明政权不得人心，只要大顺军南下，一路上绝对是望风而降。李岩确实有大局观，但是李自成却疑神疑鬼，担心万一失败，会出现什么后果。李自成的迟疑让牛金星钻了空子。

牛金星私下里也认为李岩的战略有很大的可行性，在当时不利的情况下，应该说李岩指出的道路是一条光明大道，考虑到李岩深谋远虑，这事八成可以办成。但是，成功之后，李岩必定是第一功臣，是丞相，到时候我老牛的地位往哪摆呢？为了保住自己丞相的地位，牛金星决定背后给李岩一刀。

牛金星秘密找到李自成，对他说，李岩这个人非同一般啊！李自成说，没错啊，如果他很一般的话，我为什么要用他。牛金星说，我不是这个意思，李岩这个人能力特别强，他现在忠于老大是因为翅膀还没有长硬，一旦他重兵在手，是不会甘居人下的。

李自成一听，眉头打结。牛金星趁机又说，这河南是什么地方啊！李岩的老家啊，到了那里，李岩一呼百应，到时你怎么办呢？“十八子主神器”，别到时候主神器的是李岩。

人的话有时候就像刀剑一样锋利，牛金星的话句句插进李自成的心里。

李自成就问老牛，怎么“办”李岩？牛金星想也没想就说鸿门宴。李自成不是项羽，李岩也不是刘邦。李岩最终被杀，李自成也没有夺得江山。此时，李自成的败亡已经成为定局。

一个月后，李自成从山西撤退到陕西。又过了八个月，多铎带领清军攻入西安，李自成又退回到以前打游击的商洛一带。

到了顺治二年（1645 年），李自成向湖广一带撤退。牛金星眼看李自成气数已尽，带着一帮人开溜了。三月下旬，李自成撤离武昌，顺着长江东下，清军紧追不舍。在江西九江一带，李自成被清军偷袭，损失惨重。这一战，大将刘宗敏和军师宋献策被俘虏，清军直接处死刘宗敏，接受宋献策的投降。

最后，李自成逃到湖北的九宫山，一般的说法是他战死了。

正所谓天道有时，李自成把握住了打江山的机会，却没有把握住守江山的机会。历史曾经选择了李自成，但李自成的表现太让历史失望，所以历史最终又抛弃了李自成。

李自成的一生，尤其是他最后的岁月，如谜一样笼罩在世人心中。我们来说说这个让后人困惑的闯王吧。

第一，李自成的民族是个谜。一般人都以为李自成是汉族，陕西米脂人。陕西米脂人没错，是不是汉族就得打一个问号了。《明史·李自成传》中记载：“李自成，米脂人，世居怀远堡李继迁寨。”李继迁是谁呢？李继迁是宋朝时党项族首领，老是跟宋太宗捣蛋的一个人。《明史》还记载李自成高颧骨、深眼睛、鹰钩鼻，典型的鲜卑人长相。李自成也自认为是李继迁的后代。

关于李自成的第二大谜是进京的时候百万大军，到征讨吴三桂时为何只剩下不到一半的人马。有人说是因为瘟疫，但这个说法毕竟证据不足，只是猜测。这是一个谜，可能很多士兵抢了银子逃走了，也有可能军队内部发生分裂。然而，事实无法改变，李自成进京后，不仅军队的战斗力大减，而且军队的数量也大减。

李自成的第三大谜是跟刘宗敏的关系。在人们的印象里，李自成和刘宗敏是铁哥们，两人很早就开始起义，刘宗敏一直对李自成忠心耿耿。进京后，据说刘宗敏霸占了陈圆圆，跟李自成闹出了不少的矛盾。男人为女人争风吃醋是正常的，但应当不至于因为这个原因影响大局。所以我们还得从另一个角度来探讨刘宗敏跟李自成的关系。

刘宗敏战功赫赫，在军队中有很高的威望。刘宗敏在李自成集团中一直是第二号人物，之前可能还比较听李自成这个大哥的话。到了北京之后，曾经骁勇善战的刘宗敏像变了一个人似的，沉浸在金银山和温柔乡中。李自成却没有惩治他，可能是出于兄弟情义，也可能是顾全大局，总之非常为难。刘宗敏经常不把李自成的话当回事，李自成要当皇帝，刘宗敏第一个不满意。所以说，两人的关系是既有兄弟情义，又有很深的矛盾。后来，征讨吴三桂的时候，刘宗敏就公然无视李自成，态度极其无礼。

李自成最大的一个谜还是生死之谜。七月，李自成败走西安，后来又被清军赶出西安，在全国各地流窜，最后逃到湖北通山县的九宫山，据说战死在这里，当然这只是学者们的看法。一般人死了就死了，没那么多事，可是李自成这一死，就死得扑朔迷离。之前，李自成就“死”过好多次了，结果都没死。

所以，关于李自成的生死就有两种看法：一种认为他死了，另一种认为他没死。

我们先说认为他死了的这一派观点。活要见人，死要见尸，既然李自成死了，那他是怎么死的呢？

第一种是自缢说，说是自己上吊死的。阿济格向多尔衮奏报，说李自成逃窜之时，最后只剩下二十几个人，被村民们困住，逃脱不了，不得不自杀身亡。首先声明，阿济格没有亲眼看到，也是道听途说的。这种死法基本上是不可能的，阿济格不过是为了给自己多邀一些功劳。李自成是何等人物，居然被村民困住了，而且还不得不自杀？

第二种是战死说。根据《通山县志》的记载，“九伯聚众杀贼首于小源口”，九伯就是当地的一个豪族程九伯。先不说程九伯是不是真的杀了“贼首”，就算杀了“贼首”，那就一定是李自成吗？李自成手下那么多将领，任何一个将领都可以说是“贼首”。根据《程氏家谱》的记载，“剿闯贼李延于牛脊岭下”，李延是谁？有没有可能是李自成的小名或是别名，但是翻遍档案就是没发现他有一个小名叫李延。

当时，清军已经入关了，杀李自成对清廷可是一件光宗耀祖的事啊，弄个三四品官来当是没有问题的，所以大家都争着说自己杀死了李自成，这个是可以理解的。多尔衮收到阿济格的奏疏时，本来是相信李自成已经死了的，毕竟阿济格还是自己的亲哥哥。可是后来听到大顺军重现江西的消息，多尔衮顾不上阿济格是自己的兄长，对他厉声叱责：“连我你都敢骗。”

所以，当时李自成是生是死一直是个谜，说他生，没看见他的人，说他死，就是找不到他的尸首。

还有一种是误死说。这个说法更荒谬，说李自成率领二十骑，来到九宫山，让兄弟们在下面等，自己上山拜元帝庙，结果被当地村民当作小偷打死了。

后来，李自成的养子张鼐告诉南明朝廷的大臣何腾蛟，李自成确实战死了，当时张鼐就在身旁。不过，何腾蛟没有献上李自成的首级。连张鼐都说李自成死了，这个消息应该假不了。如果李自成真的死了，为什么没有他的首级呢？只有一个原因，李自成的部下把他埋葬了，别人找不到。

认为李自成没死的一派又分为两种观点，其中一种流传极广，金庸在《鹿鼎记》里就采取了这个说法。李自成逃到了湖北石门县夹山一带，石门县的县志说李自成来到夹山以后，出家当了和尚，法名奉天玉和尚。1980年发掘出来的文物证明当年确实有这么一个奉天玉和尚，而且这个和尚死的时候没有按照僧规火化，却像寻常人一样安葬。据说，这个奉天玉和尚长得特别像李自成，在顺治年间出家，说话时满口陕西口音。加上李自成曾经自称“奉天倡义大元帅”，人们自然而然以为奉天玉和尚可能是奉天王。

但是这个说法的疑点是，奉天玉和尚和地方官的联系特别密切，李自成的长相太明显了，如果真是李自成的话，怎么敢这么明目张胆地跟官府联系？

另一种是李自成的后人提出的青城归隐说。根据《李氏家谱》的记载，李自成兵败后，化装成和尚投靠远在榆中青城（位于甘肃省内）的叔父李斌，据说李自成后半生非常老实，待在深山大沟里，最后葬在龙头堡子山下。

李自成是一位传奇的英雄人物，身前死后都让许多人牵挂，或恨之，或敬之。

第三章　南明的那些事儿

顺治九年（1652 年），李定国率军八万人出广西，打桂林，再次攻入湖南、广东。在攻打桂林的战役中，李定国打败了孔有德，导致孔有德全家自杀，只有其女儿孔四贞跑了出来。这是李定国打的第一个漂亮仗，接着李定国又击杀了清军统帅敬谨亲王尼堪。一出手就解决了两王，李定国果然是身手不凡，当时天下大震。与此同时，大西军的另一名大将李文秀带兵出击四川，收复了川南。

弘光政权

李自成攻破北京后，崇祯虽然明知国家已亡，但仍然不死心，他让自己的几个儿子逃出去，希望有一天还能东山再起。

大明的孤臣们跟着明朝的宗室后代逃到南方，明朝的一些遗老决定在留都南京拥立朱家王朝的后代，然后效法太祖朱元璋挥师北上，重新夺回政权。这个想法是好的，也是有志气的。

但是一到具体问题上，马上就发生了分歧。宗室后代一大堆，到底立谁呢？史可法主张立桂王朱常瀛，桂王是明神宗朱翊钧的儿子。以钱谦益为代表的东林党人主张立潞王朱常涝，此人是明神宗的侄子，多才多艺，素有贤名。最终被立为皇帝的是福王朱由菘，因为朱由菘获得了南京一些掌握军权的将领支持。

明朝所有的缺点南明都继承了，但就是没有继承一个优点。就说亡国之君崇祯，虽然缺点一大堆，但还是个管事的主，还希望把国家治理好。南明这个小朝廷的表现实在太让人失望了，国难当头，这些人没想过如何去抵抗清军、如何反攻起义军，反而把民间选美活动当成头等大事来抓。

崇祯自杀的消息传到江南时，南京的大臣们就开始考虑推选新的接班人，但崇祯的儿子们，当然也包括太子，都下落不明。

有道是国不可一日无君，就是在这种情况下朱由菘登上了帝位。

朱由菘是明神宗朱翊钧的孙子，朱常洵的长子，崇祯的堂弟。崇祯在北京自杀后，他于康熙三年（1664 年）五月十五日在南京称帝，次年改元“弘光”。

朱由菘以前跟父亲待在洛阳，崇祯十四年（1641 年）李自成攻破洛阳后，朱由崧落难到江淮。清兵入关后，他又逃到江苏淮安。后来在马士英以及总兵高杰、刘泽清、刘良佐等人的拥护下在南京称帝。

当时中国有四大政权，多尔衮的大清、李自成的大顺、张献忠的大西、朱由崧的南明。南明政权当时控制着中国最富庶的地方，资源是最丰富的，南方的大部分地区都掌握在他们手中，可谓半壁江山。

朱由崧当上皇帝后，企图与清军联合，共同剿灭李自成、张献忠。虽然国家已经灭亡了大半，但南明政权丝毫没有励精图治的打算，反而醉生梦死，腐败不堪。朱由崧当南明皇帝期间，极尽享乐之能事，将大权交给奸臣马士英和阮大铖这些人，排斥以史可法为首的东林党人。

朱由崧排斥东林党人也是有原因的，这个原因很传统，源自窝里斗。在万历时期曾经发生过一次国本之争，万历皇帝非常宠爱郑贵妃，对郑贵妃的儿子朱常洵也爱屋及乌。郑贵妃为了让自己的儿子当上太子，不断地在万历耳边吹枕边风。渐渐地，万历也就产生了废长立幼的想法。

可惜，东林党人百般阻止，东林党人信奉祖宗法制“有嫡立嫡，无嫡立长”，坚决反对立朱常洵为太子。这场斗争持续了十年，直到朱常洵后来迁到洛阳。最后，朱常洵被李自成的农民军杀死。因为这件事，朱由崧非常排斥东林党人。

东林党的两个代表人物钱谦益和史可法在福王朱由崧上台之前，可以说是极力阻挠，他们很清楚，福王一旦上台，东林党难逃被整的命运。幸好，福王的人品确实非常差，不用东林党去抹黑，他自己就已经够黑了。

东林党人总结出福王的七宗罪：贪婪、淫乱、酗酒、不孝、虐待下人、不读书、干预有司。然后，发出宣传的呼声，像这样的人怎么配做一国之君？

确实非常不配，但当时说话算不算数不是取决于人品，而是取决于候选人背后的力量。

史可法当时是南京兵部尚书，明亡后是一个大腕级别的人物。他是坚决反对立福王的，为了争取更多的支持，他给另一个重量级人物马士英写了一封信，大意是劝马士英不要同意立福王。

马士英说话还是有些分量的。当然，对立继承人的问题，马士英心里也没底。对他来说，谁当南明皇帝都无关紧要，皇帝是不是贤明跟他更没有关系。他最在乎的是这个人上台后，自己有什么好处。

史可法倒霉就倒霉在给马士英的那封信上。当时马士英拿着史可法的信想了半天，到底应该立谁呢？福王跟自己无仇，潞王也跟自己无仇，说实话，马士英真不知道该立谁。马士英究竟为啥立了福王呢？

说来非常有意思，只是因为一件偶然的事情就让马士英下定决心立福王。到底是什么事情呢？

这个偶然事件跟凤阳监军卢九德有关，卢九德是一个宦官，跟福王的关系非常好。在东林党人还没有反应过来的时候，他就串通江南总兵高杰、黄得功、刘良佐，抢先一步拥立福王。这些总兵都是粗人，政治上那些谋略他们不是很懂，但是拥立之功这个他们是明白的。总兵刘泽清看到这三人都举旗拥护福王了，心想再不举旗的话就迟了，跟着就加入拥立福王的阵营。

马士英蒙了，你们这些人怎么就不跟我商量，我好歹是你们的领导，我还没表态，你们就先斩后奏了。马士英是个聪明人，他知道这些总兵都是武夫，跟他们动嘴皮子没用，如果还想要这些人听自己的话，只有跟着大家一起把生米煮成熟饭。马士英一拍板，南明皇帝的人选基本上就确定了。对马士英来说，这是一笔不错的买卖，自己没有付出什么，还可以凭着拥立之功当上丞相。

在马士英的一手操纵下，朱由崧很快就进入南京，接受群臣的朝拜。

在拥立这事上，东林党失败了，东林党失败不是因为没有能力，也不是因为没有势力。确切地说，东林党输给了时间。他们不可能在福王渡江之前，把桂王接到南京，因为桂王远在云南。

马士英高明的地方就在于他没有立刻让福王当皇帝，而是很有分寸地说道："福王现在来到了南京，潞王和桂王还在偏远地方待着呢！皇帝这个位子我们还是给太子留着，哪天太子回到南京，就让他当明皇帝。现在太子音讯全无，就让福王暂且监国吧！"

这番话说得有礼有节，不服都不行。此时，一身是胆的史可法做出了妥协。

史可法平生最看重的就是忠义二字，窝里斗可以先放一边，大明江山的大局要紧。

史可法非常明白，大明已经接近覆灭的边缘，要想让它起死回生，必须采取一些非常措施，当然，这些措施并不能保证有很大的效果。

史可法做的第一件事是奏请朝廷设立江北四镇，安排高杰、刘泽清、黄得功和刘良佐四个总兵镇守这四个地方。这相当于南明小朝廷的外围防线，史可法这么做就是表示对四大总兵的重视：将朝廷的防守任务交给你们了，你们尽可能地发挥潜力吧！

小朝廷刚刚组建，没什么银子，所以防区内的军饷问题由各个部队自行解决。史可法当然知道这样会让士兵们不满，他又开出了一个优惠条件：各位总兵如果能收复失地，这个失地就可以并入你们的防区。相当于鼓励大家扩张，为了提高在外打仗的将士们的积极性，史可法还建议南明朝廷给总兵们封伯爵，其中黄得功还被封为侯爵。镇守武昌的左良玉也得以封侯。

一下子把许多将领的爵位问题解决了，这个很不寻常，与其说是给他们好处，不如说是希望他们卖力点，再卖力点，一定要挽救大明。史可法当然很清楚，给这些将领封侯，允许他们兼并土地的后果。这个后果我们不用想就知道——造就一批大军阀。但出现这个后果的前提是大明没有倒下，对于史可法来说，只要大明不倒，其他问题都可以日后解决。

史可法操纵全局的时候，马士英有很强的失落感，这么下去，南明朝政就控制在你史可法一个人的手上了。马士英觉得，与其在凤阳督师，不如回到朝廷，控制朝纲。

仗着新皇帝是自己拥立上去的，马士英入朝之后，耍尽手段，终于把史可法赶出南明朝廷。

在马士英的怂恿下，朱由崧于顺治元年（1644年）五月十五日在南京正式称帝，是为弘光政权。第二天，弘光帝就迫不及待地封马士英为兵部尚书，相当于取代了史可法的地位。

这个安排一出来，南明朝堂一片哗然。大家纷纷为史可法叫屈，说皇上啊，你怎么能放着济世良相不用，而用跟阉党有关系的人呢？

朱由崧当然不会理会这些，他选择阉党一方面是对东林党不放心，另一方面确实是想自己放心享乐，把南明朝政都交托给马士英、阮大铖这些人。不管朱由崧选择哪个党派，都注定了南明政权的悲哀，因为最高领导者朱由崧就是这样。他宠信奸臣，无所作为，没有防备清军，整日坐在秦淮河的船上，沉沦在情歌艳舞之中，过着醉生梦死的生活。据说，当时秦淮河的灯船之盛，天下其他地方是找不到的。

秦淮河两边的房子，雕梁画栋，一片珠帘，粉纱红帐，醉客醺醺，简直腐败到了极点。

弘光皇帝就整天沉溺在灯红酒绿之中，估计连老祖宗朱元璋都忘记了。真是死也要快活，当时的形势简直危在旦夕，南明随时都有亡国的可能。

国家都已经不像个国家了，弘光皇帝仍然大兴土木、选拔宫女、穷奢极欲。在当上南明皇帝之前，弘光曾经承诺，豁免练饷，取消崇祯期间老百姓的欠粮，免掉各种加派，等等。结果呢，这些政策一项也没有实行，赋税反而有增无减，老百姓叫苦连天。

俗话说，百足之虫死而不僵，南明政权如果能够争点气，也不是没有希望的。南明政权除了搞得老百姓民不聊生，内部也出现了很大的问题，最典型的就是“三疑案”，即大悲案、太子案、童妃案。

我们先来说说大悲案。大悲姓朱，是一个和尚。他跟潞王的关系比较好，潞王信佛，两人经常在一起切磋，聊出感情以后，两人还互相认了本家。东林党之前一直想立潞王为皇帝，所以弘光帝对潞王非常防范，害怕潞王夺走自己的皇位。后来，大悲和尚来到南京，弘光帝怀疑他是潞王派来的刺客，便将大悲和尚抓起来，没过多久就将他杀掉了。太子案的情况跟这个很类似，有一个人自称是崇祯的儿子朱慈烺，也从北方来到南京。弘光帝非常没有安全感，担心这个年轻人夺走自己的皇位，便先下手，将这个年轻人抓起来，关进大牢里。

最荒唐的是童妃案，李自成攻破洛阳之时，弘光帝还只是朱常洵的儿子，当时朱由崧侥幸逃脱，沦为落难王孙。在逃亡过程中，他认识了一个姓童的女子，该女子对朱由崧非常好，两人结成患难夫妻，私订终身。朱由崧当上皇帝后，童妃千里寻夫来到南京，谁知弘光帝翻脸不认人，演绎了一个现实版的陈世美。他不光不认这个妃子，还把她关进牢里，折磨致死。

这三大案犹如三块大石头，激起了千层浪，在整个南明社会引起了巨大反响。特别是太子案，从弘光帝急不可耐地收拾“太子”时，大家就可以看出他内心的那种仓皇和恐惧，这种恐惧是对自己地位的一种不自信。这不免让其他人联想到，他这样做是不是因为觉得自己的南明皇帝之位来路不正。

左良玉是明末一个特别厉害的将领，张献忠就是被他打得抱头鼠窜的，据说左良玉曾经把张献忠逼入绝境，完全有机会灭了他。后来张献忠跟左良玉说：“你现在之所以受重视完全是因为我啊，我一死的话，你不但前途没了，还会因为以前的罪过被处死。”就这样，左良玉放过了张献忠。

左良玉是东林党人一手提拔起来的，跟东林党人的关系非常密切，因为这个原因，朱由崧上台之后对他非常排斥。太子案爆发后，左良玉压抑已久的怒火终于爆发出来，他以“清君侧”的名义领军沿江开往南京。与此同时，豫亲王多铎率领大军攻占西安，打败了李自成，正以疾风扫落叶的势头横扫中原。多铎的大军已经快到达淮河了，弘光帝这时候非但没有考虑和左良玉“议和”，一起抵抗清军，反而命令江北防线的明军掉头攻打左良玉。

南明这时候仍然把“流寇”视为最大的敌人，弘光政权的基本国策是联合清军消灭起义军。包括史可法也是坚持这种看法，联合清军灭掉流寇，然后再跟清军争雄。

在你势力衰弱的时候，你想联合一个比你强大的人，肯定是要付出代价的。有人主张和清朝以两淮为界，有人主张以河间为界，甚至有人说弘光应该效法石敬瑭，给顺治当儿皇帝。有人觉得顺治那么小，你给他当儿皇帝脸上实在挂不住，还是尊顺治为叔叔好听点。弘光想想，给人当侄子也没什么，便派出陈洪范等使臣出使清廷，请求与清帝结为“叔侄之君”，希望两家同心协力，共灭流寇。

可惜，清朝根本看不起南明，多尔衮只认礼物，不认人。收下礼物后，他非常傲慢地说：“我们很快就会发兵江南。叔侄的事就没必要提了，我们不吃这一套。”

南明的使团在北京备受侮辱。首席使臣左懋第和马绍愉还被清军扣押，陈洪范甘愿降清（做内应），清廷才放走使团。

清军这么傲慢，跟南明政权的软弱无能有很大关系。刚开始入关的时候，清军没想到可以统治全国，只是抱着捞多少是多少的心理，对南明的态度还是非常有分寸的。但是入关之后，清军的心理就发生了变化，清军万万没有想到大明居然这么没有抵抗力，几十万人的军队如入无人之境。

就在多尔衮的事业芝麻开花节节高的时候，南明政权却像一艘漏水破船，缺口越来越多，整个统治从上层到下层都不稳定。弘光政权如此不稳，清军全看在眼里，所以态度越来越强硬。再加上越来越多的明军加入清军阵营，这些明朝人对于平定江南、统一全国比清朝人的兴趣还大。这些人极力鼓吹不要和南明结盟，一定要让南明俯首称臣。

怪不得多尔衮给史可法的回信中一改往日谨慎谦虚的态度，突然嚣张地命令南明削号归藩。听到这个消息，南明崩溃了，装孙子都不被别人待见。

弘光政权前后不到一年时间。顺治二年（1645年）五月，多铎带领清军在扬州屠杀十天之后，迅速扑向南京。警报传来，弘光还在搂着美女喝酒，听到多铎大军来袭的消息，弘光手中的酒杯掉在地上摔碎了，愣了好一会儿，忽然醒悟过来，立即带着爱妃连夜出逃。

朱由崧逃到芜湖后，来到黄得功的军中。黄得功在南明也算是一个名将了，但是明朝气数已尽，保护明朝难免要搭上自己的性命。朱由崧来了以后，也意味着清军尾随而至，黄得功立即摆开架势，和清军在水上列阵，展开决战。不幸的是，战争中黄得功被冷箭射死，至于放冷箭的是清军还是投降的明军就无人能知了。反正，黄得功死后，他的部将田维马上叛变，将朱由崧和爱妃捆起来，送给清军。第二年，朱由崧在北京宣武门外被处决。

南明三大谜案

我们回过头来再看看南明三大谜案，这三大谜案确实非常扑朔迷离，值得我们进一步深究。

我们先来说说真假太子之谜，从顺治元年（1644 年）底到顺治二年（1645 年）初，不到半年的时间，北京和南京同时出现了两个太子，这两人都称自己是崇祯的太子朱慈烺，一个是由南向北来，一个是由北向南来。

弘光帝正在花天酒地，忽然接到一个报告，鸿胪寺少卿高梦箕声称，他北方家里的一个仆人在南下逃难的过程中，认识了一个十六岁的少年，自称是崇祯的太子，讲得有鼻子有眼的。高梦箕觉得这事非同小可，立即向弘光帝禀报。

崇祯自杀之前，曾经让太子换上布衣逃难，但太子最后还是落入李自成的手中。李自成还封他为宋王，山海关一战李自成大败，太子也就因此失踪。

这次太子突然出现，吓得弘光帝头顶冒汗。弘光帝这人没什么志向，当上皇帝只是为了吃喝玩乐，他对自己皇帝的合法地位非常不自信，加上朝中有一股反对势力在，太子这一出现，甭管真假，首先让他提心吊胆。

马士英早就有言在先，如果太子回来，立即把国政还给太子。尽管担惊受怕，弘光帝还得非常小心地处理这件事情。他先派人把太子接到南京，同时附上一封信，表示自己以绝对的诚意欢迎太子回京。

把太子接回来之后，最关键的就是判断真假。说实话，在座的诸位基本上都没见过太子，即便有人见过太子，也是很多年以前的事了。

鉴别太子的任务必须由那些曾经在太子身边工作过的人来完成，方拱乾、刘正宗、李景廉三位先生以前是太子的老师，他们在太子面前瞅了好一会儿，结果都摇了摇头，说毫无印象。

太监邱执中是整天陪太子玩的人，看了好半天，也说不是。

后来又问了一些细节问题，这人回答不出来，于是大家一口咬定：这个是假太子。

既然是假的，那么就打吧！打完之后，这人终于承认自己不是太子，原名王之明，是驸马王昺的侄子，也算是皇亲国戚，了解一些宫廷的掌故。

据王之明供认，他冒充太子并没有别的企图，只是想整点银子花。

案子到这里，可以结了，冒充太子砍头都不过分，但事情远远没有我们想象的那么简单。

这个案子还存在另一种可能性，而且这个可能性也不小，那就是参与辨认太子的人都说了谎话，王之明的供认很可能是屈打成招的结果。这个自称太子的人曾经非常高调地对外讲述自己逃离皇宫的种种经历，对宫里的一些情况也能说出个子丑寅卯，还能叫出一些太监的名字，再加上他的年龄和身材都跟太子比较吻合。所以，很多人怀疑这人就是真太子。

这件事情激起了民愤，底层群众大肆炒作这事，发泄对弘光政权的不满。对于老百姓来说，太子是真是假无所谓，关键是弘光下台。

就这样，一个简单的案子演化成南明的一场政治危机。

当然，这个太子确实是个冒牌货，史可法在当时就凭借自己的经验判断出来，这个太子一定是假的。一般北来的人进入南方都要经过淮安防区，在淮安防区过境人口的记录中并没有什么太子。史可法断定这个人一定是一直待在南方，根本不是什么北来的太子。

在此之前，史可法曾经派出使者到北京和多尔衮议和，根据这些使者的禀报，多尔衮在崇祯岳父周奎的家里杀死了一个疑似太子的人，是以假冒太子的名义处死的。史可法相信，被清廷处死的是真正的太子。

根据《清实录》的记载，周奎曾经向清廷报告了太子的情况，清廷便叫明朝的贵妃袁氏过来认，袁氏一看是假的。多尔衮立即顺水推舟，下令把这个冒充太子的人处死。

再来说说大悲案，这个案子还有另外一种说法，就是这个大悲和尚并不是潞王的什么奸细，只是一个流浪和尚而已。

顺治元年（1644 年）十二月的一个深夜，一个衣衫褴褛的和尚在南京洪武门外叫门，而且这个和尚叫门的方式非常高调，把门弄得哐啷响。守门士兵一听，好大个胆，立即把这个和尚抓了起来。

“深更半夜的，你居然叫门，找死啊？”士兵们抡起拳头准备揍他。

这时，这个和尚说出的话让士兵们吓了一跳：“我是崇祯皇帝。”

士兵一听，赶紧收起拳头，甭管真假，先好好款待他再说，等验明真假再来处置。士兵们都知道崇祯皇帝在煤山上吊了，但乱世中，什么事都有可能发生，崇祯或许找了个人替他去死也说不定。士兵们赶紧把这事上报给上司，上司听了也很吃惊，上司毕竟是上司，临危不乱，让人赶紧验明是不是崇祯皇帝。

可惜，这个和尚的心理素质非常差，见到上司吓得两腿打颤儿，说话哆哆嗦嗦，竭力想模仿崇祯皇帝的腔调，却露馅得更快。和尚说了好半天，大家都不知道他想说啥，和尚也撑不住了，改口称自己为齐王。士兵们拿出刑具，和尚又改口称自己是吴王，这诈骗技术也太烂了。

最后这个和尚供认，自己不是什么崇祯皇帝，也不是什么齐王吴王，只是苏州城一个破庙里的和尚，乱世中，温饱得不到解决，所以才想出这个馊主意来骗吃骗喝。

这虽然只是一起普通案子，但是在朝野中引起了极大的恐慌。阮大铖本想利用这个案子株连一大批东林党人，诬陷大悲和尚受东林党人指使。幸好马士英比较有分寸，他认为这事情不宜扩大，及时阻止了阮大铖。最后马士英以妖言惑众的罪名，把大悲和尚处死。

国之将亡，必有妖孽。越是乱世，怪事奇事就越多。大悲案、太子案过去没多久，就出现了童妃案。

事情是这样的，顺治二年（1645 年）三月，南京城来了一个与众不同的妇女。这个妇女自称是弘光帝以前的妃子童氏，李自成攻破洛阳后童妃与福王朱由崧失散。现在听说福王当上了南明皇帝，所以千里寻夫。根据该女子的说法，她不仅是福王的妃子，还为福王生了一个皇子，现在正寄养在民间。

对南明的这些官员来说，如果能帮皇帝找到失散的妃子，并找回皇子，那可是帮了皇帝的大忙，是一个大好的升迁机会。

陈潜夫和越其杰妥善安置这个女子，并将她送到南京。

事实的情况跟陈潜夫和越其杰想象的有点出入，这个女子的到来并没有让弘光帝高兴，反而让他神经非常紧张。弘光帝是一个非常好色的皇帝，这个大家都知道。但是这个自称童妃的女子容貌很平常，丝毫没有王妃的气质，让人简直无法相信朱由崧就这品位。这一点，刘良佐、陈潜夫、越其杰也想到了，但他们想到更多的是乱世之中，这个女人竟然能千里寻夫，公然宣称自己是皇帝的妃子，这需要多大的勇气啊，这种事情宁可信其有不可信其无。

此女见到弘光帝后，双目含泪，款款下拜，确实很像是久别见夫君。但是，弘光帝却面如罩霜，根本不理会她，当这个女人呼唤他时，他居然大骂这女子是妖妇，让锦衣卫对她严刑拷打。这个女子先是害羞，接着非常吃惊，跟着由吃惊变为愤怒，她从怀中掏出一沓纸，上面写着和朱由崧相识离散的整个过程。朱由崧让人拿过来看，刚开始表情轻蔑，不久面红耳赤，将纸扔在地上，命人把这女子关进大牢里。

十天后，该女子就魂归西天。

童妃到底是真是假一直是一个谜，当然这事的见证人只有弘光帝，文武百官是不知道的。弘光帝既然否认了，那就说明是假的了。但是，世间像陈世美这样的人实在太多了，所以童妃是真是假很难说清楚。认为童妃造假者，一般认为弘光这人非常好色，而童妃才貌实在太平常。但是，很多人认为童妃是真的，认为这个童妃很可能是朱由崧流落民间时认识的一个女子，两人同房了，最后朱由崧翻脸不认人。

童妃是怎么死的？

正史中没有记载，但是根据当时文人一些笔记的记载，童妃在监狱里受尽酷刑，狱吏要她承认不是朱由崧的妃子，她坚决不答应，最后被折磨致死。也有人说童妃是绝食而死。

当时有一个更可怕的推测，就是童妃是真的，但是弘光帝这个皇帝可能是假的，并不是那个福王朱由崧，只是民间的一个冒牌货。理由并不复杂，史可法也好，马士英也好，阮大铖也好，这些人都不知道原来的福王长啥样。乱世之中，说不定有人得到福王的印玺，然后冒充福王当上了皇帝。

当时民间很多人相信这个说法，这正好说明弘光帝人心尽失，离心离德。所以，弘光政权维持了一年就垮台了。

南明政权如走马灯

南明的第二个皇帝是永历皇帝，永历皇帝朱由榔是明神宗朱翊钧的孙子，桂王朱常瀛的儿子。清军入关后，他逃到广西，居住在梧州一带。顺治三年（1646年）正月，在丁楚魁、吕大器、陈子壮等人的拥护下，称帝于广东肇庆，年号为永历。永历皇帝在位十五年，是南明政权中在位时间最长的皇帝。后来被清军追杀，一路逃到缅甸，最后在昆明被吴三桂杀害，享年四十岁，死后不知道葬在哪里，或者根本没有墓葬也说不定。

永历称帝的时候，他的弟弟唐王朱聿𨮁也在广东称帝，建号绍武。本是同根生，相煎何太急，尤其是在大敌当前的时候，兄弟更不应该自相残杀。但永历政权和绍武政权水火不容，为了争夺正统地位大打出手。兄弟俩打得正火热的时候，清军来了，先灭掉了绍武政权，绍武政权仅仅存在四十多天。

接着，永历皇帝逃到广西，过着颠沛流离的生活。这两个皇帝，一个当了四十多天就被人灭了，一个朝不保夕像落水狗一样被人追着到处跑，头上还顶着皇帝的帽子。这样的皇帝做得有什么意思，损人不利己，损害天下百姓，自己也没过上好日子。

逃亡的路上，永历皇帝终于认清了清军的狼子面目，制定了联合农民军协同抗清的决策。衡量一个领导好坏的标准是看他制定的战略，从这个意义上来说，永历确实做得还可以，他的基本战略是对的。

永历先是和李自成大顺军的余部合作。在李自成死后，大顺军分为两支，一支由郝摇旗和刘体纯率领，一支由李过和高一功率领。这两支军队先后进入湖南，跟湖广总督何腾蛟等人联合抗清。顺治四年（1647 年），原本反明的名将郝摇旗保护永历帝来到柳州，然后主动出击桂林的清军。郝摇旗是李自成手下的一员猛将，无论大小战役都是冲在最前面，李自成牺牲后，郝摇旗改名为郝永忠，也就是表示永远忠于闯王李自成。这年年底，郝永忠在桂林西北的全州大败清军。接着，我们熟悉的事情又发生了，郝永忠受到明朝将领的排挤，退回到湖北，扼守荆楚一带。郝永忠上半辈子跟着李自成反明，下半辈子独自撑起大旗反清，直到康熙二年（1663 年）的时候，他还在和清军打仗，后来在四川巫山战败被俘后被杀。

总的来说，大顺军余部和明军联合抗清收到了很好的效果，在湖南省取得一系列的胜利，基本收复了整个湖南。湖南的胜利鼓舞了其他的省份，广东、四川等地的抗清斗争风起云涌。一些降清的将领先后反正，重新回到明政权的怀抱。决策的胜利胜过千军万马。

短短时间内，永历政权控制范围扩大到云南、贵州、广东、广西、湖南、江西、四川七省。这是南明时期出现的第一次抗清斗争高潮。

本来永历帝有望成为乱世中力挽狂澜者，可惜由于管理上的不善，短暂的繁荣成为昙花。

好局面才刚刚开始，内部就斗开了花，各种政治势力互相攻击，农民军受到排挤，清军借着这个机会得以调整喘息，卷土重来。顺治六年（1649年）到顺治七年（1650年）间，清军反扑，著名抗清将领何腾蛟和瞿式耜先后在湘潭和桂林战役中牺牲，清军又重新占领湖南、广西，许多收复不久的失地也先后丢掉。

在这期间，李自成的侄子李过病故，李过的儿子李来亨联合其他农民军将领，宣布脱离南明的政权，自主抗清。失去农民军的支持，政权内部又斗得死去活来，南明的军事力量越来越衰弱，士气越来越低迷。对永历来说，道路越来越难走了。

这时候，张献忠大西政权的余部孙可望、李定国等人已经占领了整个云南。孙可望、李定国提出愿意和南明联合，永历只好接受他们的建议。不过，这次不是农民军投靠南明，而是永历投靠农民军。从此，永历就跟着孙可望和李定国了。

顺治九年（1652年），李定国率军八万人出广西，打桂林，再次攻入湖南、广东。在攻打桂林的战役中，李定国打败了孔有德，导致孔有德全家自杀，只有其女儿孔四贞跑了出来。这是李定国打的第一个漂亮仗，接着李定国又击杀了清军统帅敬谨亲王尼堪。一出手就解决了两王，李定国果然是身手不凡，当时天下大震。与此同时，大西军的另一名大将李文秀带兵出击四川，收复了川南。诗人张煌言在福建一带抗清，抗清运动再次出现高潮。

本来形势又是一片大好，可惜老问题又来了，李定国出够了风头，孙可望不爽了，两人产生矛盾。如果只是吵吵嘴，哪怕动手打一场，也没问题。关键是这个孙可望心眼太小，居然想做掉李定国。李定国不想跟孙可望一般见识，暂避到广东，希望和郑成功会师，收复广州，可惜郑成功不怎么守时，结果李定国自己跟清军打起来了，损失惨重。随后，李定国撤到贵州，接走被孙可望劫持的永历皇帝。顺治十三年（1656 年），李定国带着永历皇帝回到云南。第二年，孙可望带军攻打李定国，又一起同室操戈的案例。孙可望仗着人多势众，想一举击溃李定国，没想到他人心不齐，许多将领倒向李定国阵营，结果李定国大败孙可望。

顺治十五年（1658 年），孙可望投降清军，贵州、广西落入清军囊中。第二年，清军派遣三路大军攻打永历皇帝。因为不想连累李定国，永历逃亡缅甸。缅甸人将他软禁在草房里，过着牛马一样的生活。李定国曾几次想迎回永历，但都遭到缅甸方面的拒绝。

康熙元年（1662 年），吴三桂进军缅甸，要求缅甸国王交出永历皇帝。这个缅甸国王也是刚刚弑兄上位，统治尚不稳固，不想多惹麻烦，只好答应吴三桂的要求。缅甸国王派出三千人将永历皇帝的住地团团围住，并谎称要和永历立盟誓，根据缅甸的规矩，立盟誓的话大家得饮咒水，谁食言就要受到诅咒。缅甸国王通过这种方式将永历的随从引诱出来，出来一个杀一个，杀掉四十二个人以后。永历知道自身难保，问缅甸国王为什么要这样。

缅甸国王说：“吴三桂来要人，我没办法。”

永历一听，悲愤地给吴三桂写了一封信，控诉他背叛明朝，投靠清朝，忘恩负义，丧尽天良。骂完一顿解气后，永历又低下头颅，说自己现在的处境非常可怜，性命取决于你，如果你能给我一条活路的话，我什么都可以给你。吴三桂没理他，确实吴三桂也没有必要理他，叛贼的骂名是背定了，干脆一背到底，何必为这个人葬送自己的大好前途。

缅甸国王将永历及其二十五个眷属一并交给吴三桂，吴三桂没有把他押到北京，而是押回昆明。吴三桂这么做是为了防止押往北京途中被反清复明的人士劫走。吴三桂向清廷申请将永历等人在昆明就地正法。永历帝等人在昆明篦子坡被绞死，从此，篦子坡改名为逼死坡。

第四个政权是鲁王朱以海为首的政权。清军入关后，朱以海被拥立为监国。虽然没有称帝，但也监国了九年。朱以海刚当上监国，就和所谓的正统地位的福建隆武帝朱聿键的政权相互倾轧，争斗不已。顺治九年（1652 年），清军攻破南明鲁王政权。不久，原明朝刑部员外郎钱肃乐在宁波起兵反清，并派遣张煌言去台州迎接鲁王。钱肃乐被清军打败后，朱以海前往厦门，投靠郑成功。郑成功是隆武帝的支持者，之前就对朱以海非常不满，心想大敌当前，你还和隆武帝自相残杀，破坏了大局。不过，朱以海好歹是明朝宗室，郑成功对他也是以礼相待。康熙元年（1662 年），朱以海打算渡海重返南澳诸岛发展力量，引起了郑成功的不满，郑成功派人将他沉杀在海中。关于朱以海之死有不同的说法，也有人认为他是病死的。

南明第五个政权是定武帝朱本铉，朱本铉到底是不是明朝宗室后代一直是个谜，因为他是被李自成的部将郝永忠拥立为皇帝的，所以很多人怀疑他可能并不是明朝宗室之后。朱本铉在位十八年，郝永忠死后第二年他也死了，死因不明，葬处也不明。

南明第六个政权是唐王朱聿键的隆武政权。顺治二年（1645 年），朱聿键建元隆武，他所建立的这个政权被后人称为隆武政权。朱聿键本是大明的唐王，明朝灭亡后，在郑芝龙等人的迎接下，来到福州，就任监国，不久就称帝，把福州作为临时首都，称为天兴府。隆武大封文武百官，郑芝龙享受的待遇最好，因为郑芝龙的拥立之功最大，封为平国公。

说来，郑芝龙这个人以前只是一个海盗，后来被崇祯招安，封为五虎游击将军。郑芝龙后来在金门大败荷兰人，升为福建总兵。自此，郑芝龙拥兵自重，学习毛文龙，垄断海上贸易，成为一个富可敌国的大军阀兼大商人。用郑芝龙自己的话说，我的一切都是大海给的，没有大海就没有我的今天。

确实，隆武政权主要依靠郑芝龙，郑芝龙的经济来源主要依靠海，没有海，隆武政权的根基是不稳的，虽然本来也不是很稳。

郑芝龙的儿子郑成功是个民族英雄，但郑芝龙更多的是一个商人。在当时的亚洲范围内，郑芝龙打造了一个海上王国，至少就海军力量来说，当时亚洲没有可以和郑芝龙匹敌的。清朝很重视郑芝龙，派遣资深降将洪承畴去诱降郑芝龙。郑芝龙虽然没有被诱降，但是心态发生了变化，跟清军对抗的时候也不再那么拼命了，这是很奇怪的一件事，投降又不投降，抵抗又不拼命。到底在想啥？

郑芝龙开始拥兵自重，保存实力，还将福建水军全部撤到晋江的安平，并撤回分水关施琅的部队。郑芝龙为什么这么做？不了解当时错综复杂的真实情况，我们可能不会明白。但我们可以确信，精明的郑芝龙这样做一定有他的原因。商人做统帅有时候还真不行，郑芝龙不知为何，居然只给在前线打仗的黄道周发一个月的军饷，他没钱吗？肯定不是。吝啬吗？有可能，但是可能性不是很大。更大的可能性还是派系斗争，最终让自己这派的势力占上风。黄道周最终因为粮草不济战败被俘，不屈而死。

活在郑芝龙这样一个后台的控制下，隆武皇帝肯定是不会很舒服的。因此，他决定回到江西御驾亲征，哪怕轰轰烈烈战死也行啊，像崇祯一样落下个殉国的美名。但郑芝龙坚决反对他这样做，郑芝龙倒不是担心隆武皇帝的安全，他是怕失去这笔巨大的政治财富。从曹操开始，封建社会精明的政治家都懂得“挟天子以自重”的道理。为了阻止隆武皇帝离开，郑芝龙不惜使数万军民跪在道上，请求皇上为国家社稷考虑，不要离开。

可惜，隆武皇帝铁了心要离开，看来没少受郑芝龙的气。

隆武来到福建南平，清军打过来之后，他又逃到汀州，不幸被俘虏。不过，隆武帝倒也不失为一个汉子，被俘之后坚决不投降，绝食而死。

隆武死了没多久，郑芝龙在十一月正式降清。

落魄王孙——坎坷一生的隆武帝

隆武帝朱聿键在腐朽的南明政权中是一个不错的皇帝，他一生命运坎坷，虽然生在帝王之家，但承受的苦难比平民百姓还多。他曾经被人们寄予厚望，有望收复残破的江河。虽然最后复国之梦成空，沦为阶下之囚，但他仍然能够坚守内心的自由和原则，选择死亡。

朱聿键是明太祖朱元璋的九世孙，即位前被封为唐王。

朱聿键从一生下来就很不幸，朱聿键不幸的原因是他老爸不幸，他老爸不幸的原因是舌头上长了一个大瘤子。舌头上长了个大瘤子固然不幸，可是也没理由影响到儿子的幸福，难不成这大瘤子也传给儿子了？

这就要说到朱聿键的祖父唐王朱硕熿了。朱聿键的老爸朱器墭是唐王的长子，但唐王很讨厌朱器墭，就因为他舌头上长着个大瘤子。唐王很喜欢一个小老婆的儿子，想废长立幼。不过唐王的母亲魏氏不同意，在她活着的时候一直保护着朱器墭父子俩。朱聿键十二岁的时候，这位曾祖母去世。

这个曾祖母去世后，唐王便把这父子俩囚禁起来，想把他们活活饿死。幸亏有好心人暗中给他们送饭，父子二人在监牢里才得以活命。

朱聿键在监牢里整整待了十六年，这十六年的时间他也没闲着，他借着青灯日夜看书学习，掌握了许多知识。

崇祯二年（1629 年），朱聿键的父亲被叔叔毒死。唐王朱硕熿想立二儿子为世子，被陈奇瑜劝阻，只好立朱聿键为世孙。直到这时，已经二十八岁的朱聿键才从监牢里走出来。

崇祯五年，也就是 1632 年，唐王去世了。朱聿键继承王位，杀掉叔叔为父亲报仇。明末各地叛乱四起，烽火连天。朱聿键觉得身为朱家王朝的子孙，国家有难当挺身而出，便向崇祯提出借兵三千平乱。崇祯是非常多疑的，他担心藩王借兵作乱，于是拒绝了朱聿键。

朱棣以藩王的身份造反夺取天下，给明朝造成了恶劣的影响，是以后来的皇帝对藩王都非常警惕。藩王可以在自己的王府里吃喝玩乐醉生梦死，一点关系都没有，不会有人找你麻烦，但绝对不可以带兵离开藩属地。

这个规矩朱聿键也是懂的，但是他压抑不住心中那团火，他宁愿犯规也不愿坐视国家惨遭蹂躏。头可以断，血性不可以没有。崇祯皇上不借兵，朱聿键就自行招兵买马，带着自己的人马跟流寇拼，结果被流寇打得大败。对此，我们给予理解，一个从小被关进监狱的人从来没打过仗，刚从监狱出来不久就和人打仗，不输倒奇怪了。

不管朱聿键打赢打输，这么做分明是瞧不起崇祯，不给你借兵，你倒自己招兵买马了。一怒之下，崇祯让锦衣卫把朱聿键关进凤阳监狱。

崇祯自杀后，弘光帝继位，才把他放了出来，累计起来，他在监狱里待了二十四年。弘光虽然释放了他，但是并没有恢复他的政治地位，反而害怕他争夺帝位，让他在桂林好好待着，不能出来。朱聿键才走到杭州，弘光政权就结束了。

一个月后，在郑芝龙、黄道周等人的拥护下，朱聿键当上皇帝，年号隆武。据说在朱聿键举行登基大典的那天，刮起了大风，雾气非常重，能见度很低。大风把小树都吹了起来，掌管玉玺的官员坐骑受惊，摔下马，玉玺碰坏了一个角。显然，这是非常不吉利的一个征兆。尽管如此，有黄道周这样的人物在，君臣之间还是非常有决心匡复明朝的。

一生坎坷的朱聿键终于当上皇帝，应该说他是一个非常不错的皇帝，他抚慰群臣，从谏如流，同意和大顺军的余部共同抗击清军。在生活作风上他也非常检点，只有一个老婆，也就是皇后曾氏，曾氏是一个贤后。

清军来了以后，实行留头不留发，留发不留头——这意思大家都懂。当时明军却是留发留头，无发无头——剃了发的都杀。隆武帝觉得明军这种行为是不对的，他下令禁止屠杀剃发的百姓，说："兵行所至，不可妄杀。有发为顺民，无发为难民。"

由此可见，隆武帝是一个能站在别人的角度考虑问题的人。

隆武帝确实是一个好皇帝，但从某种意义上来说也是个傀儡皇帝。他的政权离不开郑芝龙集团，没有郑芝龙的财政和军事支持，他的复明计划就进行不下去。

郑氏家族都是海盗出身，郑芝龙拥立隆武并不是为了什么光复大明，而是跟吕不韦打着一样的算盘，把隆武看成了可居的奇货。商人就是商人。在郑氏家族里，唯一对明朝忠心耿耿的只有郑成功。郑成功原名郑森，在他年幼的时候，郑芝龙带他入宫见隆武帝。隆武帝貌似会看相，当时抚摸着郑森的背，居然说出了很有预见性的话："可惜我没有一个女儿可以许配给你，你将来一定会为我大明尽忠，不要忘记了今天。"

也就是这天，隆武帝赐名郑森为朱成功，郑成功国姓爷的称号就是这么来的。隆武虽然没有女儿，但还是封了郑成功一个类似于驸马都尉的官职。郑芝龙投降后，郑成功给父亲写了一封信说："父既不能为忠臣，子不以为孝子。"

我们可以想象隆武帝的处境，三面受困：一受制于郑氏家族，二要防备鲁王军队，三来李成栋带领的清军正在逼近。得知大明忠臣黄道周带领门生故吏，招募九千人北上抗清，最终被清军大败，黄道周慷慨就义，隆武帝悲愤欲绝。他既恨清军，又恨郑氏家族。

无路可走之下，隆武帝表示要亲自北伐，作困兽之斗。

郑芝龙对此虽不满，但已经生了降清之意。

李成栋率领的清军在浙江一带势如破竹，先后攻下绍兴、东阳、金华、平州，很快攻陷郑鸿逵把守的仙霞关。隆武帝眼看亲征无望，决定取道汀州去江西，“御驾亲征”已变成“御驾亲逃”。隆武帝政权内部一盘散沙，大家离心离德，只能走下坡路；而李成栋却驭兵有方，指挥若定，两者对比实在太大了。

在这种生死存亡的关头，爱书如命的隆武帝仍然“载书十车以行”，边逃边读，边读边逃。带着书搬家都不方便，更何况是带着书逃命。隆武帝在汀州歇息过之后，第二天凌晨，突然有一队身穿明军军服的人在汀州城外叫门，声言护驾。守城士兵不知是计，城门一开，发现原来都是李成栋派出的化了装的清军。隆武帝听到外面一片混乱，拿着大刀进入府堂，被清军抓住，后来不屈绝食而死，跟他一同遇难的还有皇后曾氏以及未满月的皇子。

李成栋将隆武帝一家三口的人头献给清廷，得到清廷的重视，驻军福州，成为地方大员。

隆武帝在福州人心目中的地位非常高，听说隆武帝绝食而死，洪塘乡曹学佺跑到鼓山上面自缢，黄山乡郑愚谷、郑静之父子也相继殉节。郑愚谷本来是明军的一个水陆同知，隆武帝遇难之时他正在山林隐居，听说皇帝遇难的消息，郑愚谷悲愤万分，赋挽歌六章，其中有“天翻地覆在斯时，谁是忧勤起义师”，“生死分明惟帝后，应驱雷击党人碑”等句，读来让人忍不住恻然。郑静之是郑愚谷的长子，国子监博士，听说隆武帝殉国，于是削发为僧，悲愤欲狂，疯疯癫癫，以至于血泪沾衣。出家也不能缓解他的痛苦，极度难受之下，他三次凝视北方，然后仗剑自杀。

隆武死后，郑成功果如他所期望的，奋战在抗清的第一线。顺治三年（1646 年），清军南下，打进福建，郑芝龙打算降清，郑成功选择离开，到金门避风头。郑芝龙投降后，派人招降郑成功，希望郑成功能够做个孝子，跟父亲一起去投降。郑成功给郑芝龙写了一封信：从来都是听说父亲教儿子忠心，从来没听说过教儿子做贰臣；现在父亲你不听我的话投降清廷，如果将来有什么不测的话，我只能为你戴孝了。

郑成功占据南澳，将厦门和金门作为抗清的根据地。顺治八年（1651 年）和顺治九年（1652 年），郑成功多次进攻漳浦。五月，清廷派遣马逢知总兵解救漳州之围，郑成功故意让他入城，进城之后来个关门打狗。直到十月，清军派遣金砺才解救了漳州之围。

顺治十年（1653 年），清军在广西、湖南战场上与李定国交锋，又在四川和李文秀交手，在这些战场上，清军屡吃败仗，首尾无法兼顾，便改变了方略，决定招降郑成功。招降郑成功的人还是郑芝龙，这让郑成功非常郁闷。清廷本来是个吝啬鬼，这次不惜封郑芝龙为同安侯，封郑成功为海澄公。公侯伯子男，这个郑成功的爵位比他老爸还高啊，不太合情理，但充分体现了清廷对郑成功的重视。

郑成功根本不买清廷的账，依旧广积粮高筑墙，准备好火器对付清军。顺治多次招抚郑成功均遭遇失败，没办法，招抚不成只好打了。可是打也打不赢，经常输。顺治十三年（1656 年），顺治总算开窍了，下令实行海禁，规定福建、浙江、广东、江南、山东、天津这些地方，商船民船不得私自出海，如果和郑成功贸易，一旦发现，立刻就地正法，而且地方官员也要一并治罪。

这项措施相当于釜底抽薪，抽取的虽然不是郑成功的军事力量，但却是比军事力量更为要命的经济力量。顺治十六年（1659 年），清军主力正前往云南攻打永历政权，郑成功抓住这个机会，和张煌言一起攻克瓜洲。不久，进军江南，屡败清军，引起了顺治的恐慌。

但郑成功最终还是被清军打败，主力损失了一大半。清军进入福建后，郑成功感到势单力孤，决定寻找新的根据地。

明朝天启四年（1624 年），荷兰殖民者侵占我国台湾地区。郑成功被清军打败后，一筹莫展之时，来了一个人，这个人叫何廷斌，是荷兰东印度公司台湾地区评议会的通事。他见了郑成功后，建议郑成功收复台湾地区，将台湾地区作为抗清的最后根据地。何廷斌还给郑成功进献了一幅台湾地区地图，提供了一条避开荷兰军队的航线，并自告奋勇充当郑成功的向导。

顺治十八年（1661 年）三月，伟大的民族英雄郑成功率领两万五千人，指挥三百艘战船向祖国宝岛台湾进发。先收复澎湖列岛，再横渡台湾海峡，绕过荷兰炮台，在北港登陆。围困荷兰殖民者八个月后，荷兰殖民者投降，郑成功收复台湾。

康熙元年（1662年）五月，郑成功因病去世，享年三十九岁。

左良玉“叛变”与史可法殉节

马士英拥立弘光帝的时候，左良玉的心里是非常不舒服的。好你个马士英，拥立皇帝这么大的事也不跟我打声招呼，太看不起人了吧！说实话，以左良玉的势力，这时候他有看不起别人的本钱，别人断没有看不起他的资格。

左良玉虽然没有把持朝政，官也不是特别大，但是他拥兵自重。别说马士英，就连弘光皇帝他也没放在眼里。

左良玉几次想出手，摆平弘光政权，但江西总督袁继咸和湖南巡抚何腾蛟经常劝他要以大局为重，“老左啊，现在什么时候了，不能自己人打自己人啊”。

左良玉一听，也是啊，免得给世人留下话柄，只好勉强默认弘光政权的合法性。左良玉在摸不准形势的情况下，派了一个人去南京，这个人是他的心腹黄澍。黄澍的官职很小，到了南京后却非常嚣张。有一次，他当着弘光皇帝的面和马士英掐架，他居然揪着马士英的领口，狂扇了马士英几巴掌，随后滔滔不绝地列出了马士英十八条罪状。

朝堂之上，连弘光皇帝都怕马士英，他居然把马士英不当人。可见，当时左良玉的势力有多大。

马士英也不是软弱之人，别人这么欺负自己，作为一个文人，他当然不能在朝堂上跟黄澍打架。但是，他也有他的手段，他充分利用了文官优势，即找人弹劾黄澍，准备一鼓作气把他整死。

左良玉听到这个消息大为光火，于是施加军事压力：如果不放人，我恐怕很难控制自己的部队了。马士英没办法，固然他整人的功夫绝对一流，但是面对军事压力却只能服软。

黄澍逃回来后，极力在左良玉面前煽风点火，控诉马士英的种种罪行。黄澍还提到太子案，说马士英企图谋害南都太子，我们不妨打着“清君侧”的名义向南京进军。除掉马士英，整个朝政就是你说了算。

左良玉文化水平不高，但是社会阅历那是相当丰富，他见黄澍的话句句在理，而且这些理全部对自己有好处，有什么理由不同意呢？

我们来看看左良玉这个人，这个人绝对不一般，当年他剿灭起义军非常给力，基本上李自成、张献忠都不是他的对手。眼看张献忠就要命丧在他的手中，忽然张献忠说，你今天要了我的脑袋，崇祯明天就要你的脑袋。张献忠这句话改变了左良玉的人生观。

在剿灭起义军的过程中，左良玉的部队发展到几十万人。但是，左良玉的部队鱼龙混杂，这些人往往不是什么善类。左良玉能够把这些人管得服服帖帖，说明左良玉这个人真不一般。

左良玉固然得到弟兄们的爱戴，但他的军队名声确实很臭。不过，左良玉丝毫不在乎名声，我能让这么多人吃饱饭，成为割据一方的军阀已经很了不起了！

顺治十一年（1654年）三月，左良玉以“清君侧”的名义顺流而下，到了九江时，遇到九江总督袁继咸。左良玉立即给袁继咸写了一封信：“老兄，跟我一起兵谏吧！肃清朝中妖孽，重振朝纲。”

袁继咸是个明白人，回道：“你这哪是兵谏，分明是兵变。”

左良玉表示：“真是兵谏，我可是奉了太子的密诏。”

袁继咸：“那好啊，拿出密诏。”

左良玉：“你怎么就死脑筋。这事对你我都有好处，马士英这个浑蛋把持朝政，搞得民怨沸腾，我们不干谁干？”

袁继咸语重心长地说：“你就不要掩饰叛乱的行为了。侯爷你这一发兵，不是自己人搞乱自己人吗？清军已经在虎视眈眈，侯爷这么做可是正中他们的下怀啊！侯爷不记得了，你这个侯爵的身份可是明朝廷封的，你这么做可是忘恩负义啊！”

左良玉觉得袁继咸说得有道理，于是暂停进攻九江，然后连夜给弘光皇上写了一封信：皇上，我不是针对你的，只要你主动清除马士英一党，我就停止进攻。

可惜，为时已晚。

左良玉不想干，他手下的将士们想干，左良玉的将士们和袁继咸的将士们勾结，商量好了，一起打南京。左良玉已经控制不住形势了，加上这时，左良玉重病在身。看着自己的将士们攻进九江城，和里面的一些守军勾结，大肆抢劫和屠杀，左良玉长叹一声："我对不起袁继咸啊！"

说完，左良玉就一命呜呼。这时，部将拥立左良玉的儿子左梦庚为主帅，继续扛起造反的大旗。左梦庚接受部下的建议，秘不发丧，继续以左良玉的名义烧杀抢掠。

听到左良玉兵变的消息，马士英慌了。他立即命令撤回江北防线的黄得功、刘良佐、刘孔昭等人，不要防守清军了，全力阻击左良玉。史可法也接到渡江勤王的命令。

多尔衮一看机会来了，命令多铎调集大军，准备渡江。

弘光帝不得不召集大臣开会，商讨对策。很多人反对撤回江北防线，本来就很难抵挡清军，你现在撤回，不等于是门户大开吗？

弘光帝赞同这个观点：是啊，左良玉好像不是针对我的，还给我写了一封信呢，不能撤回江北防线。

马士英气得跳了起来："你们不要袒护左良玉了，左良玉分明是造反，以下犯上。我们宁可死在清军的刀下，也不能死在左良玉的手中，这是原则，死在敌人手中不是耻辱，死在乱臣贼子的手中才是耻辱。"

马士英很清楚，左良玉一来，自己必死无疑。

史可法也来到南京城下，要求觐见皇帝，遭到马士英的拒绝，弘光帝被迫接受马士英的建议。

左梦庚不是左良玉，他率领大军和黄得功等人激战，最后被击退了。当然，黄得功等人也付出了惨重的代价。清军坐收渔翁之利。

清军顺利南下，整个江南就暴露在清军的屠刀之下。史可法带着部队退守扬州，当时大量的难民涌进扬州，扬州成为抗清前线最后一道防线。史可法能不能守住扬州孤城呢？

史可法不是袁崇焕，扬州也不是宁远城，再加上清军已经今非昔比，史可法的形势绝对是不容乐观的。多铎给史可法写了一封招降信，大意是说，扬州城肯定是守不住的，先生还是识时务投降吧！同时，多铎还让降将李遇春在城楼下做思想动员，结果遭到史可法的痛斥，史可法大骂李遇春投降变节，猪狗不如。

应该说，多铎给足了史可法面子，看降将招降无用，便让老乡带着书信去招降。史可法是一个硬骨头，招降信看也不看，直接扔进火堆里。多铎不断地给他写信，他不断地把信扔进火堆里。

史可法也自知城池守不住，写了五封遗书。第一封是给老母亲的，在信中，史可法自我批评，说自己是个不忠不孝的儿子，不能挽救国家，儿子现在决定与城池共存亡，希望老母亲能理解，不要太过悲伤。

史可法第二封信和第三封信分别是写给夫人和叔侄兄弟的，希望大家不要难过，好好生活。

史可法第四封信是写给养子史德威的，史可法没有儿子，将军中副将史德威收为养子，他把自己的后事交给史德威，希望史德威能够把自己葬在明太祖高皇帝身边或者梅花岭上，梅花岭就在扬州城内，史可法此举显然是为了表示自己的人格像梅花一样高洁。

史可法第五封信是写给多铎的，他开门见山地对多铎说，我肯定会为大明殉难，只求明太祖高皇帝能够明白我的一片忠心。

这是一场惨烈的防守战。史可法固然抱了必死的决心，多铎也是抱定了不拿下城池决不后退的决心。据说，清军的尸体堆积到城墙的高度，最终城池被攻破。史可法准备举剑自刎，被手下将士夺下，护着他从一个小门逃跑，结果被清军捉住。

多铎对他比较礼遇，满面笑容地说道："久仰先生大名，如果先生能够归顺大清，不仅可以做大官，还可以一展抱负。先生想必听说过洪承畴洪老先生吧，识时务者为俊杰，希望先生能够考虑考虑。"

史可法大怒，说道："洪承畴算什么东西，活得猪狗不如，你要我学习他，做梦去吧！"

多铎是一个非常没有耐性的人，在史可法面前，他耗尽了自己的耐性，手一挥，砍了吧，省得麻烦。

史可法在临死前，请求多铎不要伤害城中百姓。我们不知道多铎是不是答应了他，即使答应了，多铎也食言了。他做出了一个令人震惊的决定——屠城。于是，惨绝人寰的扬州十日屠城开始了。

几个世纪以来繁华的扬州城顿时变成了一座人间地狱。

马士英下落之谜

说起大奸臣马士英，很多人恨得咬牙切齿。但从历史上看，他也不是十恶不赦之人，多少还是做了一些好事。比如，阮大铖想借大悲案清洗东林党时，就是被马士英阻止的，我们不管他阻止的动机是什么，但这种行为本身是好的。

马士英是贵州贵阳人，万历四十七年（1619 年）考中进士，历任南京户部主事、郎中、知府。崇祯五年（1632 年），当上宣府巡抚，上任不到一个月，他就重金贿赂当朝权贵，被太监王坤告发，被贬到南京。在南京时，马士英和阉党阮大铖过从甚密，因此被东林党人骂为奸臣。

东林党骂人的功夫虽然厉害，但也不是什么君子之党。我们就说说东林党的首领钱谦益，钱谦益这个人，最开始大家都以为他是一个正人君子，后来清军攻破南京后，他的真面目就露出来了。

清军攻入南京后，钱谦益带头剃发，夹道欢迎清军。钱谦益有一个老婆，这个老婆名声非常大，虽是青楼女子出身，但琴棋书画样样精通。她的名字叫柳如是，近代学者陈寅恪还为他写了一部《柳如是别传》。

柳如是，浙江嘉兴人，江南名妓，秦淮八艳之首。她的出身非常贫寒，童年的时候就被人拐卖，从此流落风尘。

柳如是是一个多才多艺的青楼女子，她的名字“如是”便是取自辛弃疾的“我见青山多妩媚，料青山见我应如是”。柳如是见过的男人实在太多了，但很少有动心的，直到遇见了钱谦益，她喜欢上钱谦益不是因为他是个官，而是因为钱谦益才华横溢。钱谦益比柳如是大三十六岁，看在才华的面子上，柳如是丝毫不介意。

明朝灭亡后，许多遗民自杀殉国。作为东林党的领袖，钱谦益选择了苟活下去，还在清朝做了官。柳如是对此非常愤怒：“先生，你如果不殉国的话，还有什么面目见世人？”

钱谦益脸色苍白，支支吾吾：“活着多好啊，干吗要死呢……”

钱谦益降清后，柳如是立即和他划清界限，拒绝跟他一起北上。和柳如是的气节相比，钱谦益这个才子的人格是多么渺小啊！

至少在这点上，马士英比钱谦益要强，马士英的下落虽然是个谜，但有一点是可以肯定的，他没有降清。在各种传说和记载中，马士英不是被清军杀，就是出家了，做了和尚或者道士。

在马士英和阮大铖把持明朝政的时候，有人曾经在马士英的门口贴了一副对联：闯贼无门，匹马横行天下；元凶有耳，一兀直捣中原。

上联骂马士英，下联骂阮大铖。两人非常愤怒，下令彻查这件事，最终也没查出什么结果。马士英虽然是个奸臣，但并没有搞好各方面的关系，最要命的是他得罪了当时最大的军阀左良玉。清军进攻弘光政权时，左良玉也兵临城下。弘光政权破灭后，马士英下落不明。

根据《明史》的记载，兵败之后，马士英带着残兵准备进入福建，结果唐王不让他进来。第二年，马士英在太湖被捉拿，斩首。

但是据当时的文人吴梅村《鹿樵纪闻》的记载，马士英又是完全不同的结局。兵败之后，马士英逃到天台寺中，后来被家丁找到了，献给多铎。多铎让人剥掉他的皮，充上草，放在路上。一时间，老百姓拍手称快。马士英字瑶草，生怀瑶死怀草，非常巧合。根据吴梅村的记载，马士英死于天台山的寺庙之中。

道光时期一个文人记载，马士英逃到新昌山的一个寺庙中削发为僧，后来被清兵捉到，斩杀在新昌山寺。然而，孔尚任在《桃花扇》中暗示马士英在台州山被雷劈死，阮大铖则跌死在仙霞岭上，两人死得都非常惨。

由于明末清初，形势非常特殊，加上野史繁多，许多历史学家跟东林党或者阉党有瓜葛，所以对马士英的评价差别很大。光绪年间，贵州进士姚大荣曾经撰写文章为马士英平反，姚大荣认为《明史》将马士英列入《奸臣传》不妥当，马士英不是特别坏，而且没有投降清朝。

马士英的下落，迷雾重重，如果他真是禅隐归道，也算是对自己罪恶一生的一种消解和忏悔吧！

第四章　清军入关

清初最有名的遗民当数顾炎武，顾炎武是苏州昆山人。明朝灭亡后，他开始了漂泊生活。身负奇学，名满天下。弘光政权建立后，顾炎武担任兵部司务，企图一展抱负，完成反清复明的大业。可惜，弘光是个扶不起的阿斗，政权又为马士英、阮大铖等人把持。不久，弘光政权就被清军灭掉。顾炎武于是投笔从戎，在苏州参加了反清斗争。失败后，回到老家。

江南的激烈抗清

据说扬州城破之时，史可法准备自刎而死，被部将阻止。史可法便命养子史德威砍死自己，史德威痛哭流涕，实在下不了手。最后，史可法在参将张友福的推拥下，出了小东门，途中遇到清兵，史可法大呼：“史可法在这里。”

看来，史可法为国殉难的念头非常坚定。尽管多铎一再放下身价招降他，但史可法不为所动。史可法就这样英勇就义了。

之后，史可法的养子史德威牢记养父的遗言，寻找史可法的遗体。可惜当时天气非常炎热，尸体腐烂得已经难以辨别，史德威实在无法从满城的尸体中找出养父，只好在梅花岭为史可法修了一个衣冠冢。

这之后，清军连续十日血洗扬州，人们将这段血腥的历史称为“扬州十日”，当时不分老幼，一律屠杀。五天后，清军开进南京城，弘光帝带着文武百官跪道迎降。

攻占南京后，清军悍然发布了剃发令，清军之前的政策并不是这样的，只是要求明军将士要剃发，现在不管是谁都必须剃发。这个命令发出后，各个地方的人民纷纷反抗，其中江阴和嘉定两个地方的人民反抗得最为激烈。

顺治二年（1645年）六月二十日，清廷委任明朝进士方亨出任江阴知县，方亨到任之后，立即执行剃发令。当地父老乡亲认为方亨是前明进士，应该会念及旧情，就联名给方亨上书，希望方亨不要绝情，能够给父老乡亲留发。哪知道方亨辣手无情，不为所动，如果不剃发，他就强制执行命令。

许多人骂方亨：“你是明朝进士，头戴乌纱帽，身穿官服，却做清朝知县。你知不知耻，怕不怕羞？”

方亨也很愤怒：“别废话，这是命令，必须执行。”

当地不少的文人在祠堂里发誓："头可断，发绝对不可以剃。"

很快这种思想在民众中传开，事态越来越紧急，民变一触即发。方亨一见这情景，躲在衙门里不敢出来。他一边敷衍民众，说有事好好商量，不要走极端，一边秘密派人去常州，请太守发兵，说江阴这里已经发生了民变。江阴百姓在城门口抓住了使者，质问以后，明白了方亨的阴谋。

愤怒的群众击杀了城内的清军，从衙门里揪出方亨。民众推举典史陈明遇为首领，拿起兵器武装反清。民众反清的消息传到清廷，清廷立刻发兵征剿。许多商人和富农拿出家里的财产充作军饷，起义的农民杀死方亨后，占领江阴城，公开举起反清大旗。

刘良佐奉命前来招降江阴军民，诱惑说："只要你们投降，什么条件都好谈，反正大家都是大清的子民，有什么不好商量的。我保证只要你们投降，不会杀你们的。"

城里的百姓义正词严地拒绝了："剃发这种事，自古未有，即使有百万大军临城，我们也绝不投降的。"

七月初一，清军开始攻城，陈明遇是一介文官，将城中防守的任务交给有经验的官员阎应元。到了八月中秋，江阴城还没有被攻破。阎应元还给军民们发赏月钱，危难当头，大家一边赏月一边抗战。据说当时，江阴城有人作《五更转曲》，听后，就连城外的清兵都流泪：

宜兴人一把枪，

无锡人团团一股香。

靖江人连忙跪在沙滩上，

常州人献了女儿又献娘，

江阴人打仗八十余日，宁死不投降！

八月二十一日，江阴城破，阎应元慷慨就义，临刑前赋诗一首："八十日带发效忠，表太祖十七朝人物。十万人同心死义，留大明三百里河山。"

城破之时，阎应元带领一千多人上马和清军巷战，杀死许多敌人，身上中了三箭。他想夺门而出，没有成功，便跳到了太湖中，可惜湖水太浅，被清军俘获。当他被押到刘良佐面前时，刘良佐失声痛哭。阎应元问他："你哭什么？要杀要剐快点吧！"刘良佐什么话也没说，转身离开。当天晚上，阎应元被杀害，陈明遇战死。

江阴城破之后，又是一场大屠杀，剃了头发的不杀，和尚不杀，其他都要杀头。这一战清军也付出了很大的代价，死者接近七万人，当然，其中很多是投降的汉人。

江阴人民的保卫战虽然以失败告终，但是极大地鼓舞了反清斗争。其中，最有名的是嘉定人民，当然，结果是"嘉定三屠"。

清军进入南京后，原来明朝的嘉定县令弃城逃跑，清廷派周荃单骑到嘉定来招抚嘉定人民，这时候，嘉定人民还没有反抗，而是对他举行了盛大的欢迎仪式。

一个月后，新任的县令张维熙到嘉定就任。本来嘉定人民对清廷没那么反感的，忽然没过多久，传出了剃发令。一时间，城内人心惶惶，剃发比砍头还恐怖，这说明了习惯在人心中的地位。

随着剃发令越来越严，老百姓在街头奔走呼告，如丧考妣："有没有大明的官兵来保护我们啊，身体发肤受之父母，现在有人要给我们剃头，这比死还难受。只要有人敢起义，我们一定追随。"

后来，突然有人放话说，以前明朝的总兵吴淞即将带领军队进城解救百姓之困。病急乱投医，危难之时见了稻草就抓，老百姓一听吴淞将军即将到来，闻风而起，开始火烧清军船只，打击清军。

嘉定人民的起义具有很大的自发性，是对古老习俗的一种坚守，对外来习俗的一种反抗，加上这种外来习俗是强制性的，所以反抗必然也是极端的。大家也意识到这种缺少组织的反抗会是什么后果，便推举进士黄淳耀和前明官员侯峒曾为首领。

在这两个人的主持下，嘉定百姓据城而守，人人拿起武器。嘉定百姓没有杀掉县令张维熙，只是把他赶出城，在城上挂着白旗，上面写着"嘉定恢剿义师"，并挨家挨户抽丁。城内秩序井然，昼夜有人巡逻——要是早这样的话，明朝也不会亡国，只有危难之时人们才懂得团结。

六月二十四日，李成栋派遣弟弟李成林率领几十名骑兵，企图杀出一条道路，向外界求救。然而，李成林在出城之时被乡勇包围，李成林被杀死，尸体丢弃在路边。得知李成林的死讯，李成栋日夜对着副将哭泣——可见，这人并没有泯灭人正常的感情。

七月一日，嘉定已经聚集了十万名乡兵。可惜这些乡兵没有作战经验，和李成栋交战之时被打败。败退之时惨不忍睹，尸横遍野。更糟糕的是，当时河水暴涨，乡兵无路可退，只好跳进大水里，那个场面绝对太过血腥。李成栋指挥清军肆意屠杀，以泄弟弟被杀之恨。除此之外，李成栋还在城中挑选美貌女子，恣意淫乐。

李成栋率领清军攻进城后，接连屠杀了三天。清兵在杀人之前，先让百姓拿出珍宝和银子，骗他们说拿出银子就不杀人，结果不管有没有银子，一概被杀。

清军的屠杀不止这些，“扬州十日”“嘉定屠城”只是其中著名的案例。清军入关后到底屠杀了多少人没有确切的数目，不过我们仍然可以根据一些资料进行推算。

我们可以根据《清世祖实录》的记载：所有州县，如果能剃头投降，开城欢迎的话就让你们过好日子；如果抗拒的话，清军一到，玉石俱焚，所过皆屠。顺治六年（1649 年），清朝在四川发布的文告中说：“民贼相混，玉石难分；或屠全城，或屠男而留女。”

根据官方的记载：直隶一望极目，田地荒凉；河南满目榛荒，人丁稀少；湖广弥望千里，绝无人烟。

除此之外，清军还疯狂掠夺人口，将这些人当家奴驱使，这项政策在皇太极时已经消停了，多尔衮掌权后又开始了。

遗民与贰臣

清军入关之后，遭难的是全天下的百姓，但在这期间，最纠结的还是知识分子。他们深受儒家文化的浸染，面临着一场关系名誉和生死的抉择。

根据儒家的传统思想，忠臣不事二主，为人臣者要舍生取义。苟活还是殉国成为摆在明朝遗民面前最迫切的选择，明朝灭亡之后，大批知识分子自杀殉国，从容赴死。根据史料记载，有大批的明遗民虽然没有选择死，但是也没有选择在清朝的眼皮底下过日子，而是选择了远涉重洋，到我国台湾地区、南洋去。据学者统计，明朝遗民的数目不下万人。

有遗民，有殉国者，就有贰臣。贰臣当然不是一个褒义词，贰臣是那些背叛明朝投降清朝的人，在当时，贰臣是非常受鄙视的。

清政府也非常不地道，对于那些投降的贰臣，他们对其贬低，极尽嘲笑，搞得这些贰臣非常难堪。相比遗民，贰臣虽然衣食不愁，依旧过着富贵生活，但是人格就要低贱得多。

清初最有名的遗民当数顾炎武，顾炎武是苏州昆山人。

明朝灭亡后，他开始了漂泊生活。身负奇学，名满天下。弘光政权建立后，顾炎武担任兵部司务，企图一展抱负，完成反清复明的大业。可惜，弘光是个扶不起的阿斗，政权又为马士英、阮大铖等人把持。不久，弘光政权就被清军灭掉。顾炎武于是投笔从戎，在苏州参加了反清斗争。失败后，回到老家。

没过多久，剃发令又来了，顾炎武的一些好友又参加了反剃发斗争，但顾炎武因为老母有病，只好在家照顾。顺治二年（1645 年）七月，昆山被清军攻陷，顾炎武的两个弟弟被杀害，老母虽然侥幸活了下来，但落了个终身残疾。

七月十四日，顾炎武的母亲绝食而死，临终给他留了遗训："勿为异国臣子。"

从此，顾炎武蓄发明志，表示与清朝统治者对抗到底。为了表示自己的决心，顾炎武写下诗句："我愿平东海，身沉心不改。"此后五年，顾炎武辗转于太湖沿岸，和各地反清复明的志士秘密往来。

顺治七年（1650 年），顾炎武以前的一个仇家叶方恒告发了顾炎武。为了免遭迫害，顾炎武剃去头发，装扮成商人，继续在江南江北一带和反清复明的人士交往。顺治十二年（1655 年），叶方恒和顾炎武家里的仆人陆恩勾结，以组织反清武装的罪名告发顾炎武。顾炎武得知这个消息，悄悄地潜回昆山，秘密处死陆恩。但顾炎武也因此被抓进监牢里，后来在友人的帮助下才得以逃出狱。叶方恒派遣刺客在南京太平门外刺伤了顾炎武，并洗劫了顾炎武的老宅。

至此，顾炎武决定离开故土，远走中原。

顺治十四年（1657 年），顾炎武变卖家产，开始了游学生涯，足迹遍布山东、江苏、浙江、河南、陕西、山西等地。正所谓读万卷书，行万里路，顾炎武以其精湛的学术造诣名闻天下。在游历名山大川的同时，顾炎武也不忘关注时局的发展，一直密切地关注反清复明斗争。

郑成功、张煌言率军挺进长江，一路战果辉煌，直逼南京。顾炎武听到这个消息，非常振奋，也跟着南下，希望能够有一番作为。可惜，还没走到扬州，就传来郑成功失败的消息，顾炎武只好怅然而归。顺治十八年（1661 年），郑成功退到台湾地区，永历政权宣告瓦解。顾炎武满腔热血瞬时成空，一时心灰意懒，准备一辈子隐居，做一个学者。

顾炎武选择做一个遗民就意味着选择生活的艰难，因为封建社会士大夫基本不从事生产，换句话说，经济来源成了问题。

除了经济问题之外，顾炎武面临的最大危险是清朝的政治迫害。在康熙二年（1663 年），发生了一桩震惊朝野的文字狱——庄氏史狱，金庸的《鹿鼎记》就以这桩文字狱开始。事件的经过是庄氏编了一本明史，书中有许多“犯禁”的地方，特别是纪年都是用明朝皇帝的年号。庄廷鑨曾经邀请顾炎武也来编写这本书，不过顾炎武委婉地拒绝了，因此逃脱了这场文字狱。这个案子牵连非常广泛，遇难的人达到七十多人，其中有不少是顾炎武的好友。

康熙五年（1666 年），顾炎武又遇到了一次灾难。山东莱州人姜元衡告发黄培收藏“逆诗”，并且指控顾炎武与黄培过从甚密，曾经到黄培家中搜罗《忠节录》。听到这个消息，顾炎武非常震撼，那时他已经感受到清政府可怕的力量。为了澄清事实，顾炎武从北京到济南自首。结果，被关进了大牢。在牢里度过了十个月，顾炎武才在友人的救助下出狱。

尽管生活如此窘迫，生命和财产没有保障，顾炎武仍然没有动摇自己的立场，坚持要做明朝遗民，拒绝清政府的征聘。

清廷修《明史》时曾经重金礼聘顾炎武，但顾炎武誓死不从，在回信中，他郑重声明：“人人可出，而炎武必不可出。七十老翁何所求，正欠一死，若必相逼，则一身殉之。”

直到康熙二十一年（1682 年），顾炎武才病逝。

清初有名的遗民还有屈大均，屈大均是广东番禺人，广州沦陷后，屈大均的父亲命令他：“一定要洁身自好，不要在清廷当官。”屈大均谨遵父亲的教诲，为了保持对明朝的忠诚，他选择在家务农。

清军剃发令来了之后，屈大均和老师陈邦彦一起参加反清斗争，立志反清复明。斗争失败后，屈大均的老师陈邦彦殉国，屈大均无路可走，选择了出家。出家之后，屈大均没有戴僧帽，而是戴明朝士人常戴的青纱头巾。屈大均虽然皈依了佛门，但实际心理上还不是一个僧人，始终牵挂着明朝故国。

复国无望之后，屈大均在晚年以文字遣怀，书写了大量的作品。由于屈大均的立场是反清复明的，所以毫无疑问他的书在当时是禁书。屈大均六十七岁时死去，死后，清廷掘出他的尸体屠戮，并将他的两个孙子斩首。生前无难，死后遭灾，一生也算是可悲。

钱谦益和吴梅村都是被列入《贰臣传》的，钱谦益前面我们提到，他为了保命投降清朝。投降清朝后，他的人生仍然充满了坎坷和危险，在清廷的政治生涯中，钱谦益几次被牵连入狱。几次政治迫害的经历让钱谦益对清廷感到失望，返回常熟后，他暗中与反清复明的势力联络。

康熙三年（1664 年），钱谦益病逝，他的一生充满坎坷，背负了贰臣的骂名，最后又反叛清朝，以明朝遗民自居，可以说非常尴尬，又非常无奈。

吴梅村也是一个明朝遗民，他刚开始的时候立场非常坚定，坚决不与清廷合作。后来，禁不住顺治的再三征聘和家人的怂恿，进入清廷当了几年的官。晚年，他深深为这段经历忏悔。他非常痛苦，他并不想当官，但是又担心拒绝清廷的征聘会给家族带来灾难。选择出仕后，又很不甘心，总之，进退维谷，最后选择隐居度过此生。

第五章　清朝政治的掌控者

多尔衮除了是一个战争的好手，也是一个管理高手。皇太极设立六部后，为了挑选一个吏部尚书，伤透了脑筋。他选来选去，最后还是不得不让多尔衮担任这个职务。

“难人”多尔衮

清军入关可以说是多尔衮一手策划导演的，多尔衮可以说是一个成功者，但他的成功是用无数尸体铺垫的。

我们来回顾一下多尔衮的前半生吧！只有了解了他的早期经历，我们才能了解这个人。

别看多尔衮带着清军入关，又把福临接到北京，在这里建都，无限风光。但在这之前，多尔衮的日子并不好过。自从母亲被逼死后，他就天天要在自己仇人的眼皮底下过日子。

这段日子有十七年，我们很想知道这十七年多尔衮是怎么挺过来的。要了解多尔衮，我们还要先从他早期的经历说起，当时形势错综复杂，一切还得从努尔哈赤说起。

多尔衮一生下来就是王子，这个是没有问题的。从多尔衮的职位升迁中，我们可以看到王子之后他就是和硕额真了。努尔哈赤的儿子相当多，而和硕额真的名额只有八个，再加上有些额真是由他的孙子和侄子担任，说明要当上和硕额真，光是努尔哈赤的儿子还不够。

清初的历史主要由两部分组成：一个是对外征战，一个是内部管理。无论是对外征战，还是内部管理，都是非常棘手的问题，对外征战，努尔哈赤总的来说很成功，但内部管理他却有很多失败的地方。

长子褚英是第一个废太子，不仅被废，连性命都丢了。褚英是一个能力非常强的人，可能由于年轻，办事情有些急躁，执掌权力后，排挤代善、阿敏、莽古尔泰、皇太极四个贝勒，打压努尔哈赤非常宠信的五大臣。由此引起了与父汗的冲突，这种冲突最终升级为褚英集团和努尔哈赤集团的斗争。褚英的下场非常惨。

褚英之后，代善顺理成章成为新一轮的接班人。代善的功劳仅次于褚英，被立太子实属情理之中。但是在天命五年（1620年）九月二十八日，又发生了一件大事，代善当着努尔哈赤和众兄弟的面作检讨。

代善听信小老婆的话，准备杀掉儿子硕托，这事引起了努尔哈赤的震怒。代善不得不杀掉这个多事的老婆，以期得到努尔哈赤的谅解。除此之外，代善发生了与继母通奸之事，太子之位就这么被他自己亲手弄丢了。

正是这次废除代善太子之位，努尔哈赤提出今后政事由八个和硕额真共同决定的新体制。没有这次代善被废，可能就不会有和硕额真的出现，多尔衮是没法染指权力的。事实上，努尔哈赤所谓的八个和硕额真实际上有九人，分别是莽古尔泰、皇太极、莽古尔泰的弟弟德格类、阿济格、多尔衮、多铎、代善的儿子岳托、努尔哈赤的侄子阿敏和济尔哈朗。可以看到，阿巴亥的三个儿子都位列其中。

我们先说说为什么是九个人吧！努尔哈赤这样安排，实际上是因为多尔衮和多铎年纪太小，都才几岁，所以才让两人共掌一旗。我们知道努尔哈赤有十六个儿子，长子褚英已经被处死，最小的儿子费扬古还在娘胎中。这么多儿子，只有八个和硕额真的名额，阿巴亥就为自己的儿子争到了三个。由此可见阿巴亥的能力，史书记载她不仅长得妩媚，心思也非常深。

碰上这么一个好母亲，多尔衮等人是幸运的。代善的太子之位被废后，无疑为多尔衮兄弟三人提供了一个好机会。当然，只是机会而已，在尘埃落定之前，一切都有可能发生。努尔哈赤那么多儿子，不一定要立多尔衮为太子。

现在，努尔哈赤将国政交给八大和硕贝勒，可以说是为阿巴亥开路，也可以说是为多尔衮开路。当时，努尔哈赤为接班人问题苦恼得不行。代善犯了大错，是没有资格继承这个高位的。莽古尔泰手刃生母，名声臭烘烘的，加上性情暴躁，肯定也是没法继承大统的。德格类是莽古尔泰的弟弟，因为母亲出了问题，也不好继位。

至于阿敏、济尔哈朗，都是努尔哈赤的侄子，自然是没有资格继承汗位。岳托和硕托都是孙子，如果让他们继位，那一大帮子叔叔肯定很不高兴。这么一看，最好的人选似乎是皇太极了，皇太极很早就博得了智勇双全的名声，而且也是战功赫赫，让皇太极当继承人不失为一个明智的选择。但努尔哈赤并没有这样做，为什么？首先是因为皇太极的出身不理想，他的母亲不是大福晋，只是侧妃；其次呢，皇太极这个人有点孤高自负，骨子里瞧不起其他兄弟。

此时，阿巴亥是大福晋，深得努尔哈赤的宠爱。在当时看来，阿巴亥的三个儿子中的一个非常有希望继承汗位。但是当时肯定是不方便立他们为太子的，因为他们年纪太小，不足以服众。正是这些原因导致了努尔哈赤立继承人的困难，所以最后才没有留下遗嘱，但是他的安排已经透露了心中的想法。而这一点早已被皇太极窥破，所以努尔哈赤刚去世，皇太极就立刻逼死阿巴亥。这就叫快鱼吃慢鱼，皇太极如果再慢一点的话，等阿巴亥反应过来，很有可能就处于弱势地位了。

在逼死阿巴亥这件事上，貌合神离的贝勒们突然立场变得出奇的一致。这是因为阿巴亥一派的权势太大了，阿巴亥的儿子上台大家都没有安全感。再加上这些年来，努尔哈赤对阿巴亥宠爱得无以复加，大家心里早就积蓄了不满。你想想看，这些儿子们出生入死，拿血汗才换来今天的地位，一个女人仅仅靠着宠爱就为自己的儿子获得了同等的权力。如果不逼死阿巴亥，实在是后患无穷，应该说皇太极考虑问题是周到的，虽然手段过于狠辣。

皇太极继位以后，关于多尔衮的问题没有任何悬念。果不其然，皇太极不久就采取了措施，他把多尔衮镶白旗的十五个牛录夺了过来，给了谁呢？给了自己的长子豪格。此时，多尔衮虽然只有十四岁，但也知道别人在欺负自己。应该说，从那时候开始多尔衮就在心里默念“君子报仇十年不晚”，多尔衮不敢把仇恨的目标对准皇太极，只能对豪格恨得咬牙切齿。

皇太极接下来是提拔多尔衮，这听起来有点像天方夜谭。我们来看看皇太极是怎么做的吧！阿济格已经成年了，皇太极看他不太顺眼，听说他为多铎介绍了一个对象。皇太极就问他：“你怎么搞的？你弟弟还小，就给他介绍对象？这事经过我同意了吗？”阿济格争辩道：“这种小事也要经过大汗同意吗？”皇太极反问：“你觉得呢？”阿济格：“反正事情都已经做了，你说该咋办吧？”

皇太极：“不尊重我是要付出代价的，算了，你别当这个镶白旗的旗主了，让给你弟弟多尔衮吧。”

你看，皇太极多聪明的一个人，故意给多尔衮兄弟制造矛盾。阿济格年纪大了，不好掌控，解除他的权力，让多尔衮负责，操纵起来特别方便。原来，皇太极是想拉拢多尔衮和多铎，让他们变成自己的棋子，对付其他几个旗的旗主，等利用成功后，多尔衮、多铎也长大了，那时正好可以收拾这两个棋子。

多尔衮人生之路就这么化险为夷了，但是在皇太极手下生存那绝对是一项技术活，不过这些都没有难倒多尔衮。多尔衮挺过来了。就这样，多尔衮成为皇太极的左膀右臂，到了后来，皇太极甚至都离不开这个人了。

经过时间的淘洗，在皇太极的文臣武将中，多尔衮排名第三，前面两个分别是礼亲王代善和郑亲王济尔哈朗，这两人资格是相当老的，比多尔衮大上几十岁。由此可以想象得出，多尔衮的能力有多强。皇太极封他为睿亲王，等于是承认，在我们清朝，除了我最聪明，就是你了。

多尔衮的“手腕”

多尔衮除了是一个战争的好手，也是一个管理高手。皇太极设立六部后，为了挑选一个吏部尚书，伤透了脑筋。他选来选去，最后还是不得不让多尔衮担任这个职位。吏部尚书相当于人事部部长，主持官员的任免。所有官员都要经过多尔衮的首肯，才能上任，这就是为什么多尔衮在第二次汗位争夺大会上说话底气那么足，人家是有群众基础的。手中掌握大权后，多尔衮自然会对那些曾经伤害过、得罪过自己的人动手。

多尔衮最恨谁？自然是皇太极和豪格，但皇太极是最高领导，是多尔衮的保护人，多尔衮不可能对皇太极有什么不友好的举动。多尔衮也不敢动豪格，这可是皇太极的长子。多尔衮只能对付那些皇太极看不顺眼的人，皇太极看谁不顺眼？

皇太极看不顺眼的人实在太多了，代善是首当其冲的。正好，多尔衮对代善也非常有意见，当时你要是支持我老妈的话，我老妈也不至于死了，现在我哥仨也不至于活得这么艰难。

怎么整代善呢？要整死他几乎是不可能的，但打压他还是可以的。这不，机会就来了。

满族人是马上民族，长年累月地作战，而战争是有风险的，总是会死人。所以，满洲人一般会用投降的人补充那些在战场上战死的人。通过这种方式，清军不断壮大。但是这个投降的人也有先后之分，先投降的称为“旧满洲”，后投降的称为“伊彻满洲”。旧满洲比伊彻满洲享受的待遇要好，连投降都论资排辈，许多后投降的人就不满了，什么世道啊，难道投降也分先后？

这些不满的人选择了开溜，开溜的人恰好多数是代善的手下。皇太极这下得理不饶人了：“礼亲王代善，你说你怎么回事，连那么点人都管不好吗？”代善心想，我资格比你老，别看你是上司，没我支持，你能上来？所以很不爽地回道：“我的人马我想怎么管就怎么管，不劳太极老弟你费心了。”

皇太极气得吹胡子瞪眼，多尔衮这时不怀好意地上了一道奏折，洋洋洒洒几千字，说的就一个意思，礼亲王代善治兵无方，以后就不让他的旗扩大了。皇太极一听有道理，就这么着。从此以后，正红旗和镶红旗的人马那是有出无进，死一个少一个，所以到最后，这两旗是八旗中势力最小的。

我们可以看到，在斗心眼方面，多尔衮可能仅次于皇太极。所以，皇太极死后，他没有为了个人的利益选择莽撞行事，而是顾全大局，向反对派做出妥协，让福临当皇帝，自己当摄政王。

我们再看明朝那边，表现得实在太让人失望了。国家都已经亡了，崇祯的几个儿子还斗得稀里哗啦的。所以，明朝不亡，那是没有天理的。

多尔衮在特殊时期选择了顾全大局，局势稳定之后就不好说了。

但是他做的第一件事情却非常让人意外，多尔衮处死了硕托和阿达礼，硕托是代善的儿子，代善早就想除掉他了，因为这事还导致太子位被废，阿达礼是代善的孙子。人们会说，多尔衮不是看代善不顺眼吗？处死他的儿子和孙子是很正常的事。

不正常，因为这两人是多尔衮的支持者，是多尔衮的爪牙，他们被处死的罪名是谋反。他们为啥谋反？还不是为了多尔衮，这两人看多尔衮没当皇帝，急了，准备杀掉豪格和顺治，强行拥立多尔衮。最后礼亲王代善大义灭亲，向多尔衮告发这两人，没办法，多尔衮只好把这两人处死了。

真实的历史是不是这样呢？硕托和阿达礼如果没有得到多尔衮的同意，敢谋反吗？真实的原因可能是多尔衮授意这两人去活动，可惜这两人把事情办砸了。这两人居然去拉拢两黄旗的大臣图尔格这些人，这不是脑子进水了吗？

处死硕托和阿达礼之后，多尔衮也很后悔，很内疚。他做了许多补偿措施，将硕托的幼子接到自己家里，当成亲儿子一样养着。他还让阿达礼的弟弟接替阿达礼的一切职务，当然，这些补偿措施只能说明多尔衮知道这两人是好心为自己办事，但办了坏事。

多尔衮第二步是分化两黄旗的八位大臣，这八位曾经歃血为盟支持豪格。现在时势逆转，多尔衮执掌大权，自然有机会对他们实行分化。首先是拜音图家族叛变，不再支持豪格，坚定地跟多尔衮站在一边。拜音图的弟弟巩阿岱还揭发郑亲王，说济尔哈朗在背后说多尔衮坏话。

多尔衮郑重其事地找济尔哈朗兴师问罪，济尔哈朗也很坦荡，表示我确实说了你的坏话，你想怎么办就怎么办吧！多尔衮说，那好，你既然承认了，自己看着办吧！

济尔哈朗说，行，我知罪，这个摄政王的位子我没脸再坐下去了，我回家了。

多尔衮很满意，让弟弟多铎当上了摄政王。现在清朝大权就操在这哥俩的手中。拜音图叛变不久，何洛会也叛变了，何洛会不光叛变，还揭发了八大臣中的图赖、图尔格，说这两人说多尔衮坏话。

多尔衮想说我坏话是吧，削职为民吧！何洛会，你检举有功，可以升官。这么一搞，原先的八大臣只剩下四个了。

把豪格的羽翼剪除得差不多，多尔衮决定对豪格下手了。碰巧豪格逢人便说多尔衮这人有病，什么病我们不知道，根据豪格的说法多尔衮这人活不长。

多尔衮怒气冲冲地叫豪格过来，问他，这些话你是不是都说过？豪格也不隐瞒，我确实说过。多尔衮就说，你这样做不是故意破坏八旗的团结吗？我年龄比你小，但论辈分是你叔叔，你对长辈这样，你说该怎么办吧？豪格大声说，该怎么办就怎么办吧，你不就是想让我死吗？我死就是了。

多尔衮说，这可是你自己说的。豪格点头，大丈夫说出的话就像泼出去的水。多尔衮问诸位亲王和大臣有什么意见？代善说，没意见。济尔哈朗也说没意见。大臣们都说，这个豪格确实该死。

多尔衮说，那你就自杀吧！

豪格也是个汉子，拿起刀准备自杀。事情到这一步应该没什么悬念了，但豪格命中注定不该这时候死。就在全场鸦雀无声，只等豪格血溅当场的时候，突然跑出了一个小孩子，搂着豪格的腿大哭："我不要哥哥死，哥哥如果死了，我这个皇上就不当了。"

全场哗然，多尔衮眉头紧皱，小顺治哭着对多尔衮说："你要杀我哥哥，就先杀了我吧！”

这么小的孩子尚且懂得亲情，整得豪格当场流眼泪。福临，你是个好弟弟，有你这么个好弟弟，哥哥死而无憾。

顺治的突然出现，搅浑了整个会场，一时之间，多尔衮也束手无策，总不至于连小皇帝也杀了吧！没办法，暂且留下豪格的人头，豪格虽然沦为庶民，但总算是保全了性命。当然，豪格仍然可以带兵，毕竟打仗这家伙能干，弃之不用的话是一种损失。多尔衮说，你虽然是庶民，一旦发生战争，你还可以带兵打仗。不过，打仗回来后，你仍然是个草民，人家打仗回来有功可以得赏，你什么都没有，你是义务兵，懂吗？

豪格说，我懂。

直到现在豪格才懂得这个道理，跟权力是没法讲道理的，虽然心里不服气，但从此确实乖乖听话。豪格当时的心里肯定是这样想的，我才不是为你这个人面兽心的多尔衮办事，我是为我小弟弟，为了他，我什么委屈都能承受。

多尔衮心想，豪格，你别以为小皇帝能保你。现在张献忠在四川那边闹事，豪格你去吧，把张献忠的人头提回来送给我。豪格二话没说，带兵去四川，任务完成得非常好。豪格不光平定了张献忠的大西政权，还亲自射杀了张献忠。回来后，多尔衮连句表扬的话都没有。豪格也没有丝毫的怨言。

豪格越是没有怨言，表现得越是乖，多尔衮就越生气，豪格你这个莽夫还跟我玩城府了。到了顺治五年（1648 年），多尔衮随便找了一个借口把豪格关了起来。我不能杀你，关你的权力还是有的。小顺治再哭再闹，就让他哭呗，闹呗。

进了监狱的豪格如同进了地狱，被折磨得怎一个惨字能形容，豪格是怎么死的？精神分裂而死。豪格死后，多尔衮又将豪格的福晋博尔济吉特氏纳为自己的妃子。多尔衮如愿以偿地打掉一个个对手，将大权控制在自己哥仨儿手中。摄政王啊摄政王，其实比顺治皇帝还牛气。

这时候，多尔衮如果要废掉顺治，将江山收入自己的怀抱，应该说是轻而易举的事情。

第六章　大西政权的没落

狼与狼也是有差别的，愚蠢的狼见人就露出獠牙，聪明的狼总是小心翼翼地把獠牙给藏起来，装出一副羊的面目。豪格进四川之前，就发布了安民告示："朝廷命我出师剿匪，削平乱贼，百姓不必惊慌，我等就是为了让老百姓能安居乐业。"

张献忠之死

张献忠是陕西延安人，小的时候，他跟着父亲来到四川内江，在这里贩卖枣子。在四川发生了一件事影响了张献忠的一生。

那时，张献忠很小，将驴子的缰绳系到了一个富人家的石柱上，岂料，驴子拉屎弄脏了石柱。结果，富人家仆人用鞭子狂抽张献忠的父亲，张献忠就在旁边看着，眼中噙满泪水，拳头握紧，却敢怒不敢言。这件事对他幼小的心灵打击非常大。

长大后，张献忠加入农民起义军，逐渐爬到领导者的位置。在张献忠的带领下，部队的人数越来越多。顺治元年（1644 年）正月，张献忠攻入四川；六月，拿下重庆；八月，又攻下成都。先后杀掉明朝的端王和蜀王。十月十六日，张献忠在成都称帝，国号大西，年号大顺，改蜀王府为承天殿，将养子孙可望提拔到相当于丞相的位置。在大西政权内部，孙可望的地位仅次于张献忠，这就为后来孙可望和李定国的矛盾作了铺垫。李定国的能力比孙可望强，可是地位却没有孙可望高，最后功高震上级，孙可望主动讨伐李定国，讨伐失败后，孙可望主动投降清朝。李定国直到死，也没有接受清廷的招降。

在张献忠生前，李定国是大西政权第三号人物。张献忠命孙可望为平东将军，李定国为安西将军，刘文秀为抚南将军，艾能奇为定北将军。张献忠给这四大将军赐姓张，分别封王。

张献忠最开始打着反明的旗帜，所以在四川遭到了故明势力的抵抗。对于不听话的人，张献忠习惯采取高压政策。顺治二年（1645 年）以后，张献忠在四川的处境越来越艰难，一方面是清军的压力，另一方面是四川百姓的反抗。这种处境导致张献忠变得焦躁，为了肃清一切反对的力量，张献忠听从了汪兆麟的建议，在顺治二年（1645 年）七月十三日至十八日，张献忠亲自指挥部队在成都实行了一次大屠杀。

成都大屠杀没过多久，张献忠杀心又起，他借着举行“特科”之名，命令各府县将生员一律送到成都。送到成都后，张献忠并没有举行什么特科，而是把这些书生全部聚在一起，来个集体大屠杀。当时，张献忠的养子孙可望看到这一幕，感慨地说：“这些年来，我们一直辛苦奔波，为的是什么？不就是为了百姓吗？没想到这一切付诸东流，实在太可惜了。父王这么做，实在让人无法理解。父王本来应该是百姓的首领，犹如身体的头部，现在砍掉手足，头又怎么能独活呢？有王无民，何以为国？”

张献忠倒行逆施的行为连自己的养子都看不过去，何况四川的官民。四川人民看到张献忠的倒行逆施后，纷纷组织了许多武装力量抵抗大西军。曾英在重庆纠集部队，朱化龙在茂州组织了一支军队，曹勋带领人马盘踞在大渡河一带……总之，大西政权在四川民心尽失，四川的人民纷纷用马粪涂抹大西年号，刺杀大西官员。很多大西官员到任不到两三个月就被杀害，有的县里面甚至几个月连杀十几名县官。

张献忠搞得民怨沸腾的时候，清军已经平定了江南。随即，多尔衮又任命豪格为靖远大将军，征讨四川。张献忠的末日到了，但这并不意味着四川人民的好日子就来了，这情景不过是走了一群狼，又来了几只更恶的狼。老百姓横竖是被奴役，被屠宰。

狼与狼也是有差别的，愚蠢的狼见人就露出獠牙，聪明的狼总是小心翼翼地把獠牙给藏起来，装出一副羊的面目。豪格进四川之前，就发布了安民告示：“朝廷命我出师剿匪，削平乱贼，百姓不必惊慌，我等就是为了让老百姓能安居乐业。”

迫于清军巨大的军事压力，顺治三年（1646 年）八月，张献忠决定放弃成都。在离开之前，张献忠下令屠杀所有妇女，收缴所有金银，凡是藏匿一两银子的人砍头，藏匿十两以上的剥皮示众。奇怪的是，张献忠收缴银子并不带走，而是将金银全部投进江里。

临走之前，张献忠还命人焚烧成都城，摧毁成都及其州县的城墙。就这样，背后是火光冲天的成都城，张献忠带着部队浩浩荡荡地离开了成都，到达西充，驻扎在凤凰山上。张献忠当然很清楚凤凰山不是久留之地，又让士兵们砍光凤凰山上的树木，做成船只，打算渡江到湖广。

就在这个最关键的时候，大西军出现了叛变，骁骑营都督刘进忠投降清军。就像吴三桂引清军入关一样，刘进忠引清军入川。历史一再重复，但重复的不是历史，而是人性。

四川的地形非常复杂，山多平原少。如果没有刘进忠清军是不会这么顺利地进来的。刘进忠直接把清军带到凤凰山下。根据史书记载，这天风特别大，雾气特别浓，完全看不清东西。张献忠早上起来，走出帐篷，忽然一个哨兵报告说后方有马蹄声和铠甲声。张献忠听了大怒，让人把哨兵绑起来，准备以扰乱军心的罪名斩首。但是，没过多久，又有很多哨兵传来相似的报告。张献忠不由得起了疑心，张献忠亲自带着亲兵来到凤凰山下，这时，大雾已经散开，张献忠看到下面密密麻麻的全是清兵。

张献忠离清军的距离很近，刘进忠一眼就认出了他，对豪格说："这个人就是张献忠。"

豪格急忙拉弓，一箭正中张献忠的胸口，张献忠当即摔下马，气绝身亡。当时，张献忠军营里有一个外国传教士，他曾记述张献忠的死亡过程：

献忠闻警，不问详细，是否果系清兵马队，随即骑马出营。未穿盔甲，亦未携长枪，除短矛外别无他物，同小卒七八名，并太监一人，奔出营外探听满兵虚实。至一小岗上，正探看之际，突然一箭飞来，正中献忠肩下，由左膀射入，直透其心，顿时倒地，鲜血长流。献忠在血上乱滚，痛极而亡。太监见献忠已亡，先奔回大营，高声叫道：大王已被射死。声震各营，一时大乱。各营军队不击自散，各奔一方，各逃性命。

张献忠一死，结局不难想象，大西军是失败大逃亡，清军是胜利大追杀。清军斩首级数万个，获得马匹一万二千匹。

孙可望、李定国等人带着几千残兵、几万名家属，从重庆南下，辗转来到贵州，后来在云南建立了四将军政权，联合南明，继续抗清事业。

末路英雄李定国

张献忠死后，大西军余部失去了最高领导，抗清事业由四将军继承，但这四将军之间的矛盾也挺多的。

四将军都是张献忠的养子，在跟随张献忠南征北战的过程中，都立下了汗马功劳。孙可望年纪最大，跟张献忠的时间也最长，张献忠死后，起义军都称呼孙可望为大哥。张献忠生前最器重的人是孙可望，论理，张献忠死后，孙可望是毋庸置疑的领导人。

事实上，孙可望也确实当上了起义军首领，但是平辈太多，局面并不好控制。部队占领贵阳后，在军队去向问题上首先发生了争执，矛盾首次公开化。孙可望主张率军进入岭南，李定国则坚持要向云南和广西一带发展，这样的话可以方便联合南明。

应该说，李定国的建议要好一些。所以，经过一场激烈的争论，孙可望最终放弃了自己的主张，同意往云南、广西发展，联合南明势力。

李定国的战略确实是有效的，进入云南和广西后，大西军再次发展到二十几万人。孙可望随即称王，设六卿，以“兴朝”为年号，建立了一个新的政权。应该说，孙可望治国能力并不差，至少不比张献忠差。孙可望在自己的地盘内，分田地给老百姓，对于贫困家庭还给予特殊补助，比如给他们耕牛和种子，让他们自力更生。在孙可望等人的努力下，大西政权又出现了繁荣局面。

孙可望吃水不忘挖井人，政权稳固后，他为张献忠建立了一座宏伟壮观的太庙，称呼张献忠为“老万岁”，一切大事，都要先告太庙而后行。张献忠以前自称为秦王，这时，孙可望请求南明封自己为秦王，以示继承张献忠的遗志。

确定了联明抗清的政策，行动起来就有方向了。顺治九年（1652 年），大西军兵分两路，一路由李定国率领，总共有八万人，经由贵州出湖广，直逼桂林，进而攻取广东肇庆；另一路由李文秀率领，总共有六万人，出四川，下重庆，攻成都，直逼关中。

孙可望则坐镇指挥。

这次北伐，大西军做了很好的准备工作，在事前就规定了军纪，有五点全军将士必须牢记：“一不杀人，二不放火，三不奸淫，四不宰耕牛，五不抢财物。”显然，这次出征跟以前很不一样，这次是哀兵，是正义之师，为了更崇高的目的而出征。也正因为纪律严明，士气高昂，所以这次北伐取得了鼓舞人心的成果。

正如一切事物都有正反两面一样。这次北伐也导致了一个可怕的结果，李定国在北伐的过程中表现得实在太出色了，引起了上司孙可望的疑忌，最终同室操戈，将大西政权带向没落边缘。

李定国跟张献忠、李自成一样，是农民出身，也是陕西人。崇祯三年（1630 年），李定国才十岁，他就参加了张献忠的起义军。小小年纪，他就一身是胆，毫不怕死，因为作战勇敢，他得到张献忠的宠爱，随后张献忠将他收为义子。常年战争的经历培养了李定国超强的军事直觉，虽然他不识字，但是从实践中不断学习，不断总结经验，终于成长为一个成熟的军事家。

后来，张献忠又让人教会李定国读书写字，李定国的文化水平我们不知道，但我们知道他最爱看的就是兵法书籍。李定国作战非常勇敢，并且对待士兵非常谦和，在军中享有很高的威信。

此次北伐，李定国的第一个劲敌是定南王孔有德，孔有德是一名元老级的战将。战争的结果我们已经知道了，孔有德被迫带着全家一起自焚。短短几个月，李定国就收复了桂林和广州全境，一颗新兴的军事明星正冉冉升起。如果各方面条件允许的话，李定国是有望成就一番大事的。

李定国出师大捷，永历朝廷立即封他为西宁王。与此同时，清廷派出亲王尼堪率十万名八旗军阻击李定国。尼堪是褚英的第三个儿子，非常骁勇善战，一生战功赫赫，然而，他的光荣注定要在李定国的铁甲面前碰得粉碎。

尼堪到达湘潭后，首先来了个饿狼扑食，击败南明将领马进忠的部队，马进忠被迫退到宝庆。十二月，尼堪扑向李定国所在的长沙市。李定国看到清军锐气正足，人多势众，硬拼的话估计胜算不大，便主动退出长沙，在衡州附近设下埋伏圈。尼堪接连几战都胜利了，不免有些骄横，想进一步扩大战果，来不及多做调整，便指挥部队乘胜追击，结果走进了李定国的埋伏圈。

被围之后，尼堪自知中计，对众人说："我清军上阵杀敌，还从来没有退却过，今天被围，也要死战到底。"

尼堪不愧是一条汉子，在激战中被乱刀砍死。

李定国的兵锋太锐利了，接连杀掉两个亲王，这件事不仅引起了清廷的震动，也让大西政权感到不安。

和李定国相比，孙可望是一个文人，不免想法就多一点。孙可望是以"军师"的身份受到张献忠赏识的，张献忠把他看成身边非常重要的谋士。

孙可望当上秦王后，排场比永历皇帝还大，过着奢侈又气派的生活。这不仅引起了天下人的不满，也让大西政权内部的许多将领不爽。外敌还没有消除，内部矛盾就变成了最大的隐患。其中，孙可望和李定国的矛盾最深。李定国对孙可望指手画脚的作风不满，孙可望则担心李定国威望越来越高，造成尾大不掉的局面。

顺治五年（1648年）四月初一，这天是孙可望阅兵的时间，孙可望有言在先，一定要等主帅来了才可放炮升起帅字旗。没想到，李定国一到就升起了帅字旗，孙可望来了以后大怒，说："你们这是明摆着目中无人，我还是不是你们的首领啊？"

大家自然是劝他息怒，但这种怒气是没法熄灭的，如果不责罚李定国，孙可望咽不下这口气。李定国脾气也很犟，说道："我和你是兄弟，是因为父王死了，你才当上主子。今天是这样，不代表以后也是这样。你以为我必须仰着你的鼻息才能过日子？"

看到行刑的人过来，李定国大吼："谁敢打我？"

孙可望看到这场景，非常生气，准备骑马离开演武场，以此相威胁。这时，许多人抱着李定国哭道："你还是认错吧！不然一旦决裂，我们大西军就要散架了，就会被清军剿灭。"

李定国听到这话，终于低下头，忍着愤怒承受责打。打完李定国后，孙可望抱着李定国大哭："今天因为大义而让弟弟受辱，我心里很难过，希望弟弟谅解。"李定国也说："大哥所作所为都是为了大局，定国心服口服。"

尽管两人好像是和好了，但是矛盾却仍在继续。

北伐胜利后，永历政权极力拉拢李定国，疏远孙可望。而李定国也不想再在孙可望手下做事了，像对待君父一样对待永历皇帝。这毫无疑问引起了孙可望的愤怒，孙可望想效法刘邦出云游梦泽擒韩信，召李定国到沅州议事。李定国犹豫再三，还是决定去赴会。结果在赴会的路上，刘文秀的儿子给他送来信，告诉他孙可望想杀他。

李定国愤怒地写信责骂孙可望："不要妄听谗言，自相残害以败坏国家。"

永历政权认为孙可望想废帝自立，故意拉拢李定国牵制孙可望，授予李定国"屏翰亲臣"金印。李定国得到这印如获至宝，感恩戴德，李定国当然不是在乎这个金印，只是有了这个东西，自己就处在一个名正言顺的位置上，保卫大明，这个理由多么堂皇，一下子扭转了舆论形势。不再是李定国背叛上司孙可望，而是孙可望想篡明，李定国成了正义的一方。

李定国知道孙可望迟早要打自己，希望联手郑成功，邀请郑成功一起攻打广东。结果郑成功没来，李定国在肇庆被清军打败，退守到南宁。

顺治十三年（1656年），李定国和刘文秀、白文选等人将永历朝廷迁到云南昆明，这事触动了孙可望的底线。顺治十四年（1657年），孙可望以"清君侧"的名义，发动十四万名大军征讨李定国。结果仗还没打出感觉，孙可望的部队纷纷临阵倒戈，投向李定国。最后，孙可望率领六百多人投向了清军。

孙可望投靠清军后，获得了"义王"的封号，出于对李定国的愤恨，孙可望将大西军的机密全部告诉了清军。清廷从来不是什么善类，当他们确信孙可望不再有利用价值的时候，在狩猎中，以误杀为名射死了孙可望。

孙可望降清后，李定国虽然执掌了大西军和永历朝的大权，但是却因此陷入了困惑中。他对将领们越来越不信任，时时刻刻担心他们会降清，所以对部下控制得非常严。为了避免降清事件的再一次出现，李定国挟持了许多将领，要他们誓死效忠南明，怀有二心的立即予以诛杀。

从此，大西军陷入了一种紧张的气氛中，大家都互相猜忌，往日那种团结合作的局面很难再看到了。以前的四将军，现在只剩下李定国。孙可望降清，这个不用说，艾能奇战死了，刘文秀因为对李定国有功，部下势力非常大，遭到李定国的猜忌，李定国不放心他一个人在贵州，将他召回云南。回来后，刘文秀郁郁寡欢，不久就病死了。

应该说，这次内乱给大西军带来了沉重的打击，导致了后来的失败。

顺治十五年（1658 年），清军派出三路大军攻入云南，其中就有我们熟知的吴三桂。在三条战线上，李定国均遭遇了失败。永历皇帝带着文武大臣仓皇逃入缅甸，李定国和白文选也紧随永历皇帝进入缅甸，缅甸人派出十万名大军围剿。李定国虽然杀出重围，但没有救出永历皇帝。

此后，清军一再招降李定国，都遭到了严词拒绝。李定国仍然进行着无望的反清复明运动，得知吴三桂处死永历皇帝后，李定国怒气攻心，原本生病的他病情越来越重。康熙元年（1662 年）六月二十七日，李定国病逝，临终给儿子留下遗言：“可以死无全尸，一定不可以投降。”

由此可见，李定国并不是单纯地利用永历政权，从他的表现来看，他应该是忠心耿耿地拥护南明政权的。这种拥护很有可能是一种精神支柱，显然后期他已经陷入了精神泥淖中。但不管是出于何种原因，李定国坚定抗敌的精神终归是可钦可佩的。

第七章　孝庄与多尔衮的往事

孝庄这么精明的女人，又经常跟多尔衮待在一起，多尔衮心情的变化她自然是第一个敏锐地感觉到。孝庄现在面临着两项重要的任务：一方面是保住儿子的地位；另一方面是安抚多尔衮，否则后果不堪设想。

这对男女很微妙

小顺治既是幸运的，又是不幸的。因为他是自他以后清朝九代皇帝中唯一一个享受到母爱的，这是幸福，也是不幸。从小顺治后来对于母亲的叛逆和反感来看，孝庄带给了他非常大的痛苦。

清朝在定鼎中原后，模仿明朝的规定，即皇子出生后必须交给专门的保姆抚养，这使母子之间见面的机会并不多。

福临在幼儿时，一直是由母亲亲自抚育。当上皇帝后，自然不能再和母亲同食同住。孝庄和姑姑孝端文皇后商量，打算将小皇帝移居到五宫之首的清宁宫，也就是孝庄姑姑哲哲的住所。说实话，孝庄很舍不得这个孩子，所以选派了自己的贴身侍女苏麻喇姑伺候这个孩子。

苏麻喇姑在历史中的名气虽然不是很响亮，但在清初的历史舞台上也算是一个非常厉害、非常优秀的女人了。

苏麻喇姑是蒙古人，出生于科尔沁草原的贫民之家。随着苏麻喇姑长大，她的美丽贤惠远近闻名，于是被科尔沁的贝勒府发现，提拔她做布木布泰的贴身侍女，布木布泰后来成为闻名天下的孝庄太后，能够一直跟在她身边的女人肯定也非等闲之辈。

苏麻喇姑一生陪伴着孝庄，抚育了两代帝王——顺治和康熙，她对大清朝忠心耿耿，是一个非常了不起的女性。随着与这些皇亲贵族的接触，苏麻喇姑的文化修养也在不断地提高，从目不识丁变成一个掌握多门语言的知识分子。更难得的是，她写得一手漂亮的书法，还曾担任过康熙最早的启蒙老师。

苏麻喇姑和孝庄相处时间达六十年，表面上她们是主仆关系，私下里多以姊妹相称。所以，苏麻喇姑在宫中的地位非常高，但是她为人却非常谨慎。孝庄称呼她为格格，康熙称呼她为额娘，她仍非常谦恭，小心侍奉这些人，总是自称奴才。

康熙二十六年（1690 年），孝庄去世，苏麻喇姑顿时感觉生命失去了重心，精神受到沉重打击。康熙担心她精神出什么问题，基于对她性格的了解，康熙决定让她抚养自己的十二子胤祹。按照清宫的规定，只有嫔以上的女人才有资格抚养皇子，当康熙把这个任务交给她时，她深深地体会到康熙的一片好心。

为了报答康熙，她从悲伤的阴影中走出来，努力抚养这个孩子，把自己那无微不至的爱全部倾注在这个孩子身上。她的教育是非常成功的，在康熙末年的太子争夺战中，大家斗得你死我活，而胤祹却很少介入，基本保持中立的姿态。即使雍正当上皇帝后，他也没有受到打击和排挤。在乾隆年间，他以七十九岁高龄寿终正寝，活得比康熙还长。这些都得感谢苏麻喇姑与世无争的教育思想。

苏麻喇姑是一个非常淡泊宁静的女人，终身未嫁，晚年笃信佛教。她信佛跟别人不太一样，她不是为自己祈福，也不是要去什么西方极乐世界，她信佛的目的是为清皇家祈福。

在康熙四十四年（1705 年）九月初七，苏麻喇姑停止了念佛，闭上了双眼，离开了这个她侍奉了一辈子的大清。

话说顺治搬到清宁宫后，多尔衮经常以讨论国事为由跑到清宁宫去。讨论完了，就去清宁宫旁边的永福宫，孝庄就住在那里。随着时间的推移，两人的交往越来越亲密，顺治虽小，但时间长了也慢慢知道是怎么回事了。

史书记载顺治是一个非常聪明的孩子，从他保护豪格就可以看出，这孩子确实很聪明。他那么小，就知道亲疏之分，知道谁对自己好，谁对自己坏。但顺治也有一些缺点，他体弱多病、神经过敏，由此导致他年纪很小的时候脾气就特别倔强易怒。

生活在这么一个复杂的宫廷里，一个小孩子是没法单纯的。顺治早逝可能就跟在宫廷里长久受刺激有关系。在多尔衮命豪格去打张献忠的时候，顺治就大哭大闹："你们怎么这么坏？难道我们大清国没人了吗？为什么非要让我哥哥去受苦。"

顺治对着母亲大吼："额娘，我明天就要降旨让大哥回来。"

这时，多尔衮突然走过来，瞪了顺治一眼。孝庄本能地握住孩子的手，苏麻喇姑赶紧冲了过来，将小顺治抱走。

"站住！"多尔衮厉声喝道。苏麻喇姑听到这么凶巴巴的声音，吓得全身发抖。还是孝庄见过大场面，她拉着多尔衮的衣袖，温柔地说："你别吓着孩子，有什么事我们慢慢再说。"

苏麻喇姑见状，赶紧抱着小顺治跑了个没影。

多尔衮面无表情，脸上笼了一层秋霜，他坐在虎皮大椅上，很不高兴地看着孝庄。孝庄识趣，赶紧去给多尔衮斟茶。

多尔衮心情稍微好了一点点："你这个孩子是越来越不听话了。"

孝庄："小孩子嘛，摄政王你就别跟他计较了。"

多尔衮："现在就这么不听话，将来还了得。"

孝庄："摄政王教训得对，赶明儿我好好教育他。"

也不知为啥，小顺治对豪格这个哥哥特别喜欢，根本不听多尔衮和母亲的劝告。听说豪格即将带领军队回来，他喜出望外，和大臣们讨论豪格回来后应该用什么礼节欢迎，还特地咨询当年豫亲王多铎平定江南后的礼节。这让多尔衮很生气，豪格回来后居然无人问津，门庭冷落。

小顺治的失望那是不用说了，孝庄这时候心里是咋想的？其实，这个问题很简单，可以转化成：儿子与情人哪个更重要？

毫无疑问是儿子，准确地说，这时候的孝庄应该是非常没有安全感的。自从多尔衮率领清军入关，便以迅雷不及掩耳的速度进入了北京，然后迎清皇太后和皇帝在紫禁城二次登基。短短时间内，多尔衮消灭了李自成和张献忠，可以说此时他的声望已经达到了顶点。他虽然名义上是个摄政王，实际地位跟清皇帝完全没两样。

这就导致了大清国只知有摄政王而不知有皇帝的情况，小顺治心里肯定很不爽。这么聪明的一个小孩，肯定知道自己是个傀儡，虽然他未必知道“傀儡”这个词语，但整天被人耍，这种感觉他还是清楚的。而多尔衮是不是心里就很爽快呢？也不是。多尔衮要风得风要雨得雨，还有什么不满意的呢？

当然有了，自己功劳这么大，却只是个王，从礼节上讲还得向那个懵懂的少年行跪拜礼。多尔衮虽然翻手为云覆手为雨，可是为什么偏偏就不是清皇帝呢？

随着事业越来越稳定，多尔衮的情绪却越来越糟糕，糟糕的原因只有一个：为啥我就不是皇帝？

孝庄这么精明的女人，又经常跟多尔衮待在一起，多尔衮心情的变化她自然是第一个敏锐地感觉到。孝庄现在面临着两项重要的任务：一方面是保住儿子的地位；另一方面是安抚多尔衮，否则后果不堪设想。

我们可以看看多尔衮从刚开始当摄政王到现在的变化。最开始，济尔哈朗是第一摄政王，多尔衮是第二摄政王。结果济尔哈朗下去之后，多尔衮变成第一摄政王。接下来，多尔衮又变成了叔父摄政王，跟着是皇叔父摄政王。孝庄发现，每一次升级之前多尔衮都是烦躁不安的。所以，只要他烦躁不安，孝庄就揣摩到多尔衮的心思，在幕后推动，让多尔衮得到自己想要的东西。

孝庄将自己的感情编成一张网，牢牢地网住多尔衮，也只有这样，才能让自己的孩子免受伤害，才能让大清国免受伤害。可惜，小顺治又怎么能体会到母亲的良苦用心。

一边是愤怒的顺治，一边是野心勃勃的多尔衮，孝庄夹在中间太难了。

顺治呢，年龄小，看不清形势，他意识到多尔衮侵犯了自己的权力后，心中想的就是出口气。一次在慈宁宫中，当时孝庄和多尔衮都在场，顺治见多尔衮根本不把自己放在眼里，气不过，当即摆出皇帝的架势，要给多尔衮一个下马威。虽然对方只是一个小孩子，但多尔衮还是感觉自己被冒犯了。

看到多尔衮一张脸变成了猪肝色时，孝庄明白了，多尔衮很愤怒，多尔衮很想取代顺治。没办法，为了取悦多尔衮，孝庄只好和多尔衮达成共识，牺牲豪格。

豪格死后，顺治在宫中几近发狂，暴跳如雷，拿着个鞭子见到人就打。就在顺治要死要活闹个不停的时候，孝庄和多尔衮两人正在房间里秉烛夜谈。孝庄是一个善解人意的女人，她首先肯定多尔衮对大清国所做的巨大贡献，然后感谢他这么多年来对自己母子的关照，还阐述了自己对多尔衮的一腔衷情。最后，希望多尔衮原谅顺治这孩子，这都是自己平时疏于管教。

其时，顺治已经当了五年的皇帝，从豪格之死中，他感觉到自己也处于危险之中。孝庄嘱咐苏麻喇姑好好教育顺治，苏麻喇姑来到顺治房间，屏退所有人，对顺治说，从今以后，你不要再闹了，要听话，以后不要表达自己的看法，一切都按摄政王说的做，不要和王公大臣们过于接近，如果你喜欢玩，就自己找个地方好好玩。

顺治吓坏了，一个劲儿地点头。

这时候，朝中的局势也越来越紧张了。多尔衮先是将自己的力量渗透到两黄旗中，执掌正蓝旗的豪格死后，多尔衮又将正蓝旗交给多铎。代善的正红旗也渐渐地落入多尔衮的掌控之中，镶红旗的命运也大抵如是。

整个朝中全是多尔衮的爪牙，大臣们对端坐在宝座上的顺治越来越不敬，形势虽然对多尔衮很有利，但多尔衮的心情却越来越烦。一方面是高处不胜寒，另一方面又是道德与欲望的冲突。应该说，唯一能体会多尔衮痛苦的人是孝庄，于是他经常和孝庄聊天。

孝庄非常明白多尔衮痛苦的原因。他想夺权，然而又有心理负担和压力。以孝庄对这个男人的了解，她认为多尔衮最终还是会夺权的。这些日子里，孝庄经常找姑姑哲哲商量对策，可惜哲哲搬到北京后经常生病。孝庄只好独自面对这危局。

之前，对多尔衮的几次晋封，都是孝庄在背后以小皇帝的名义颁布的。每一次效果都非常好，多尔衮很满意，朝廷大臣们也觉得太后英明。豪格死后，在八旗和朝廷中掀起了惊涛骇浪，王公大臣们分成两派，一派是拥护多尔衮，一派是拥护小皇帝。在这汹涌的暗流中，大清国的政权面临着改朝换代的危险。

孝庄太后待在深宫中，她的地位虽然非常高，但却是孤独的。朝中全是多尔衮的人，她唯一的亲信就是苏麻喇姑。苏麻喇姑是一个很能干的女人，她不仅负责在太后和小皇帝之间传话，还掌握着一些秘密的渠道，可以和驻扎在北方的那些忠于小皇帝的王公大臣接头。

为此，苏麻喇姑也付出了代价。一次，孝庄命令侍卫席那布库的妻子侍奉皇后，席那布库却不愿意，孝庄只好派苏麻喇姑去请，结果苏麻喇姑被席那布库狠揍了一顿，差点被打死。可以想象当时的形势有多严重，一个内侍竟敢把皇太后最亲近的侍女差点打死。事发之后，皇太后还不敢声张，对外说苏麻喇姑是从马上掉下来的。

从这件事中，我们可以看出孝庄和顺治的处境有多危险。更可以看出，孝庄的城府与聪敏到了何种地步。

太后下嫁之谜

清朝留给我们的悬案实在太多了，孝庄有没有下嫁多尔衮就是其中之一。

关于孝庄与多尔衮的关系，有三种说法：一种说法是孝庄嫁给了多尔衮；一种认为孝庄虽然没有嫁给多尔衮，但是两人是情人关系；还有一种认为孝庄非但没有嫁给多尔衮，而且两人是清白的。

那么，历史上真实的情况又是怎样的呢？

要想弄清楚这个问题我们必须先了解，民间流传孝庄下嫁多尔衮到底是因何出现的。说来，还是皇父摄政王的“皇父”二字惹的祸。再者就是当时南明的著名诗人张煌言写的一首诗：

上寿觞为合卺尊，慈宁宫里烂盈门；

春官昨进新仪注，大礼躬逢太后婚。

诗中明明白白提到慈宁宫和太后婚，当然，诗人的话从来都是让人怀疑的。那为什么太后下嫁多尔衮这件事流传得这么广呢?

那是很多人认为孝庄嫁给多尔衮是形势所需，持有这个观点的人有八个看似无懈可击的证据。

第一，通过和多尔衮结成政治婚姻，可以保全顺治的皇位。人们认为孝庄如果不嫁给多尔衮的话，顺治帝皇位坐不稳，其实嫁不嫁他的皇位都坐不稳。当然，那些认为孝庄嫁给多尔衮的人确实抓住了一点，多尔衮不能生孩子，孝庄嫁给他的话不用担心生孩子，从而对顺治帝构成威胁。这个说法看起来是非常有道理的，但是有道理的东西不一定就是真实发生过的。

第二，弟娶兄嫂是满洲的旧俗，确实如此，这种事情在满洲经常发生，满洲没有汉族那些伦理道德，人们也视为正常。这个证据的关键是，有这个习俗不代表所有人都按这个习俗办啊！就算孝庄愿意嫁给多尔衮，多尔衮愿不愿娶还是个问题呢！

第三，多尔衮自称皇父摄政王，什么叫皇父摄政王，许多人的理解是多尔衮以父亲的名义摄政。既然都是父亲了，那说明孝庄嫁给了多尔衮。这个证据非常荒谬，慈禧还让光绪喊她亲爸爸呢，莫非慈禧就是光绪的亲爸爸？但是当时的汉人并不这样想，听到皇父摄政王的称呼，立刻敏感地意识到，莫非那个太后嫁给了多尔衮?

第四，就是张煌言的那首诗。其实这个论据完全可以排除，诗人的诗是不可以作为历史考据的论据的，像《荷马史诗》这种毕竟是少数。张煌言是反清志士，反得很郁闷，写几首诗给清朝泼脏水，发泄发泄情绪是很正常的，我们表示理解，但绝不能拿这个当证据。

第五，据说一些学者从顺治的谕旨中发现了蛛丝马迹。顺治皇帝曾颁布了一道谕旨，谕旨中说："睿亲王摄政之时，皇太后与朕分宫而居，每经累月方得一见，以致皇太后萦怀弥切，乳母竭尽心力，多方保护诱掖，皇太后眷恋慈衷，赖以宽慰。"许多学者从"每经累月方得一见"看出了问题，是啊，福临当上了皇帝，孝庄要见他还不容易，为什么只能"萦怀弥切"。

学者们认为这中间肯定有什么问题，母子之间不能见面，说明中间一定有什么挡着。是谁挡着呢？除了多尔衮似乎没有其他人了。既然可以肯定是多尔衮，那么多尔衮用什么方式阻止孝庄和福临见面？很多人猜测，太后之所以跟顺治见面困难，是因为太后已经不在宫里了。太后不在宫里，又会在哪里呢？在多尔衮的家里，她已经嫁给多尔衮了。这是学者们的猜测，根据这些捕风捉影的话判定孝庄下嫁给多尔衮了。

第六，跟风水墙有关。古代帝王是非常讲究风水的，都觉得能当上皇帝光靠个人努力还不够，还得有祖宗的庇佑。清朝有三处陵寝，一处在沈阳，两处在河北。大家知道，皇家的陵寝周围有一道围墙，相当于把陵寝保护起来。奇怪的是，孝庄的陵寝却在圈子之外，不在三个陵墓中的任何一个里面，孤零零地葬在外面。这是非常奇怪的，因为根据古代皇家陵寝的规矩，皇帝的妃子，不管是死在皇帝前面，还是死在皇帝后面，只要没有犯谋杀皇帝这样的大罪，都要葬在皇帝的墓旁。跟皇帝关系亲的就葬在皇帝身边，跟皇帝关系疏远的就葬在外围，但一定是在风水墙里面。

孝庄虽然跟皇太极的关系不是很亲，但也没有理由葬在风水墙之外啊！整个大清朝，就孝庄一人的坟墓是在外面的。例外总会激起人们的兴趣，人们会猜想其中到底有什么蹊跷。

野史中有这么一段记载，孝庄逝世后，她的遗体本来是准备运到关外的昭陵，和皇太极合葬。就在这时，灵异事件发生了，当孝庄的棺椁运到清东陵附近的时候，突然之间变得沉重，一百二十多个人都抬不起棺椁。当天晚上，康熙皇帝做了一个梦，梦见孝庄对他说："不要让我跟太宗合葬，棺椁停在什么地方，就是安葬我的地方。就地安葬就行了，一定要牢记我的话，不可以违逆。"

野史虽然不可靠，但也不是空穴来风。正史对此也有记载，《清史稿》中孝庄文皇后的传记中说，孝庄在临死前给康熙留下遗言："太宗皇帝已经葬了许多年，不要为了我轻易动他的陵墓，况且我心里只惦记着你们父子，葬在孝陵附近就可以了，我不会有什么遗憾的。"

孝庄的意思说白了就是不想和皇太极合葬，跟皇太极的感情不是很深，心里只挂念着顺治和康熙父子俩。说实话，孝庄对顺治的感情不是很深，倒真的很爱孙子康熙。康熙也很听话，祖母这样安排，就照她说的做。到康熙驾崩，孝庄的棺材还没入土，一直搁在地面上。直到雍正三年（1725 年），孝庄才入土，雍正把他葬在孝陵外面，取名为昭西陵。昭陵是皇太极的陵墓，不过皇太极的陵墓在沈阳，葬孝庄的地方在河北。

孝庄生前说的太宗安葬已久，不想扰动他，这只是个借口。在孝庄逝世一年前，中宫皇后哲哲逝世后，便是撬开皇太极的陵寝，葬在皇太极的身边。后来，慈禧太后死后，咸丰都葬了四十七年，还是把他的陵寝撬开，把慈禧葬在他的身边。所以说，孝庄绝对是一个特例。她为什么没有跟皇太极合葬，一直在风水墙之外呢？这是让历史学家特别感兴趣的问题。一些学者认为，孝庄之所以没有跟皇太极合葬是因为她生前又嫁给了多尔衮，孝庄身受汉文化影响，觉得嫁给了多尔衮，死后又跟皇太极合葬，心理上不适应。

至于孝庄说自己只牵挂顺治康熙父子，不在乎是不是跟皇太极合葬，这个理由也非常牵强。事实证明，孝庄对顺治的感情是非常淡薄的，当然这跟顺治让她失望也有关系。顺治帝生前非常看不惯孝庄。他哪里知道孝庄这样做也是为了保护他，要他理解孝庄那是不太可能的事。

顺治死后，孝庄一直没有去他的坟墓看，直到康熙有一次劝她，才在顺治陵前走了一遭。所以，学者们猜测，孝庄为啥没有葬在皇太极身边，一定有什么不得已的苦衷。这个苦衷肯定是非常大的，所以连孝庄的孙子都觉得没法埋在那里，甚至连重孙雍正也觉得没法埋在那里。

第七，据说有人在皇宫内部档案中亲眼见过孝庄太后下嫁的诏书。这个人叫刘文兴，是一个学者，他在1946年发表了一篇文章——《清初皇父摄政王多尔衮起居注跋》。文中提到他的父亲是晚清内阁学士，在收拾大内档案的时候，发现了太后下嫁多尔衮的诏书。问题恰恰就出在这里，如果真有人见到这份诏书，那么这诏书现在在哪里呢？没有人知道，除了刘文兴之外，也没有其他人说见过这份诏书。

那么，我们再来说说太后没有下嫁多尔衮的观点。

要说孝庄和多尔衮的关系完全清白，这是不太可能的，大多数人认为孝庄和多尔衮是一种情人关系，并没有婚嫁这样的事实。

婚嫁绯闻首先是“皇父”这两个字引起的，论者认为皇父只是一个称号，是表彰多尔衮的功勋的，跟什么父亲不父亲的没有半点关系。真实情况可能就是这样，多尔衮取得“皇父摄政王”的称号不是一蹴而就的，而是经历了一个过程，先是摄政王，然后是叔父摄政王，接着是皇叔父摄政王，最后才是皇父摄政王。一些学者就指出了，中国古代也有君王称大臣为父的，比如武王称姜尚为尚父，齐桓公称管仲为仲父，项羽称范增为亚父，这些称呼更多的是表示一种尊敬，不代表真就是父亲。多尔衮的情况跟这个是一样的。

现在最关键的是如何批驳风水墙的说法，论者认为孝庄入关后，四十多年的时间就是在照顾顺治和康熙这父子俩，她对这父子俩，尤其是和小孙子康熙的感情是非常深厚的。孝庄太后提出不葬在昭陵也是有道理的，死后也要在皇城附近，看着孙子康熙把江山治理好。大家都知道，孝庄跟皇太极是没多少感情的，一方面是皇太极老婆太多，另一方面是皇太极把爱情都给了海兰珠。雍正后来匆匆埋葬了孝庄是因为当年是皇太极和孝庄结婚百年纪念日，而且雍正为孝庄陵寝取名为昭西陵，意思就是跟皇太极的陵寝遥遥相对，虽然不在一起，但也是牵挂的，所以孝庄葬不葬在风水墙内跟多尔衮没多大关系，更不代表嫁给了多尔衮。

至于有人说见到太后下嫁的诏书，反对者认为根本没必要批驳，你让他拿出那文件来就行。而且，孝庄是一个非常低调内敛的人，就算她第二次嫁人，也不会写个诏书，弄得满城风雨。我们回头看看孝庄的一生，发现她一辈子从来没有强出头过，说她改嫁确实不太可信。

大家知道，多尔衮死后，顺治对他是非常薄情的，如果他的母亲嫁给了多尔衮，在母亲在世的时候，他下手应该不至于这么痛快吧！

所以说，太后下嫁纯属子虚乌有。太后下嫁这个传言最早在浙江一带流传，不是在北京。浙江是什么地方呢？就是南明政权的所在地，也就是诗人张煌言写歪诗的地方。在顺治六年（1649 年）至七年（1650 年），朝鲜八次派使者到中国，这些使者回国没有一次提到太后下嫁这个事。有人说是不是朝鲜使者不敢说啊。我们再看看康熙帝死后，雍正继位。朝鲜也派使者过来了，回去后《李朝实录》上就写了："雍正继位，惑云出于矫诏。"雍正是政治问题，孝庄是作风问题，孰轻孰重一看便知，连政治问题都敢说，如果孝庄真嫁给多尔衮，难道朝鲜使者连这个都不敢说？

话说回来，孝庄嫁不嫁多尔衮，那是他俩的事。

多尔衮之死

多尔衮的一生看起来是非常风光的，江山美人要啥有啥，然而真正走进他的生活，却发现这个人也有很多不幸的地方。生前和死后都很不幸。

多尔衮十四岁丧母，而且母亲是非正常死亡。从此生活在皇太极的阴影下，为了自保，他付出了很大的代价，可以说是拿命去换取皇太极的信任。皇太极哪次重大战役少得了多尔衮，一路这么南征北战过来，一路这么出生入死过来，多尔衮终于成为一个实力派，成为皇太极的左膀右臂。但是，这么辛勤努力地工作也让他积累了许多内伤外伤。所以，豪格才说他体弱无福。

多尔衮率领大军入关后，中原大地一片混乱，流寇到处都是，南明几个政权掐得死去活来，百姓饱受战乱之苦。多尔衮政权内部更是钩心斗角得非常厉害，多尔衮作为摄政王可以说全国的命运都系于他一身。

在这种情况下，多尔衮不病死，可能也会累死。掌握大权之后，多尔衮跟顺治和孝庄之间又发生了摩擦，有些问题是无法解决的。

可以想象，当时多尔衮的压力确实非常大。他不光沉溺在女色中，对烟草也非常依赖，基本上是个烟不离手的主。多尔衮常年让朝鲜供应烟草，常年吃肉，又纵欲过度，这些都是非常不健康的生活方式，所以多尔衮在二三十岁的时候就有眩晕的毛病。

本来政事和军务就特别繁忙，再饮食无度起居无节，这样只会让身体更加衰弱。随着时间的推移，多尔衮眩晕的频率越来越高，以前身上遗留的战场上的伤也经常性地发作。

多尔衮最后几年，心境也非常糟糕。顺治七年（1650 年），多尔衮最信任的人——弟弟多铎病逝，接着多尔衮的元妃去世。同年二月二十五日，多尔衮召集王公大臣贝勒开会，将豪格的媳妇博尔济吉特氏纳为后妃。这件事在当时引起了轩然大波，大家都认为这事做得非常过分，把自己的侄子杀死，还把他的媳妇纳入后宫。多尔衮的这个做法有些反常，不像一个成熟政治家的行为。只能说他对豪格恨得咬牙切齿，这么做就是为了羞辱九泉之下的豪格。

二月二十八日，多尔衮忽然发布了一道非常奇怪的命令：

各部事务有不需入奏的，由亲王满达海、博洛、尼堪等人处理。换句话说，多尔衮大胆地放权，这是非常不正常的，多尔衮这个人是非常贪权的，这时候怎么会拱手将大权交给手下呢？唯一的解释是多尔衮处境很不好，身心两方面都快扛不住了。

五月三日，根据史书记载，多尔衮的福晋去世之后，贝勒巩阿岱违反了礼节，多尔衮将他降为镇国公，罚俸一年。巩阿岱是谁呢？他是多尔衮异母兄弟的第三子，和多尔衮算是平辈，此人对多尔衮忠心耿耿。多尔衮入关后，任命他为吏部尚书。打败大顺军后，巩阿岱又被升为辅国公。多尔衮为什么对自己的亲信给予了这么大的惩罚，是不是证明了后期的多尔衮性格反复无常，情绪变化无端？这个巩阿岱在顺治九年（1652 年）的时候，卷入了“大清算”的风暴中，因为和多尔衮过从甚密，最后被处死。

七月初四，多尔衮觉得北京酷热难当，下令在关外建立一座大城充作避暑之用，还向内地九省加派二百五十万两白银。想当初，清兵入关时提出废除明末三饷的口号，受到广大劳动人民的欢迎。多尔衮突然加派钱粮，这让人很不理解，你这个摄政王是做什么的，现在天下还没定，你的政策就出尔反尔，还要不要大好江山？

七月初十，多尔衮身体不舒服，当着大臣的面抱怨说这个小皇帝怎么回事，我生病了他也不来看我，我真失败。结果，顺治帝听到多尔衮的抱怨，亲自来府中看望多尔衮，是不是受了孝庄的指示我们就不知道了，反正顺治是个非常聪明的孩子。

这些事情都充分说明了多尔衮在生命的最后阶段，情绪非常不稳定，这种不稳定的情绪很有可能是自身的身体状况引起的。此时的多尔衮已经不再是过去那个英明神武的摄政王了，他仿佛感觉到自己来日无多，整日沉溺于享受之中，声色犬马样样不少。

根据史学家谈迁的记载，多尔衮临终前曾经与兄长阿济格密谈。到底谈了什么，无人知道。只是，阿济格和多尔衮密谈之后，立刻快马加鞭带着三百骑兵往京城冲去。这事被翰林院大学士刚林知道了，他抢在阿济格到来之前赶回京城，让诸王和大臣们立即关闭九门，严加防范，阿济格三百人马到了之后，全部被拿下，除了阿济格，余人全部被处死。

就在举办多尔衮丧礼的第四天，大学士刚林奉命前往摄政王府收回两样东西：信符和赏功册。

这到底是什么东西，多尔衮尸骨未寒，顺治就要动手收回。信符相当于兵符，国家遇到战争或者大的灾难时，皇帝就是用这东西调集全国兵马。这东西向来是由皇帝亲自保管，多尔衮摄政后以特殊时期特殊政策为由，把这个东西移到摄政王府。这毫无疑问是多尔衮巩固自己权力的一个大步骤。

赏功册，无疑是记录八旗将士的功勋档案，这东西本来也只能为皇帝所有。多尔衮把这个东西也拿回王府，赏功册向来是汗王和皇帝权力的象征，八旗军以征战为生，掌握了将士们的赏罚权就等于掌握了军队的最高领导权。

收回信符和赏功册可以说是一个重大的措施，是清廷政权转移的一个象征。小顺治当时才十三岁，哪里懂得这件事的意义。我们基本可以确定，这一切的幕后推手就是孝庄太后。

多尔衮独裁掌管大清国七年，现在猝然离世，按常理说很容易引起政局的动荡。大清国一时之间似乎群龙无首，顺治帝是名义上的领袖，要确保顺治帝顺利接班，又到了孝庄付出的时候。

当时，八旗军内部斗得非常厉害，八旗军经过多尔衮的改造和吸收，已经越来越乱了。这时，只有孝庄太后能出面调停，代表小皇帝周旋在各股势力之间。而且，孝庄当时的威望很高，能够得到各方的尊敬和信任。

孝庄从蒙古草原来到后金的时候，努尔哈赤还在位。她历经了天命、天聪、崇德、顺治三代四朝，长达二十五年，政坛的什么风风雨雨她没见过。虽然是一个女人，但是我们可以看到她的眼光与阅历是其他人不能比拟的。

孝庄进言多尔衮为皇父摄政王的时候，就已经对局势做好了准备，她命令苏麻喇姑联系仍然忠于皇帝的大臣和王公们，让他们密切注意摄政王多尔衮的行迹。

应该说，多尔衮刚刚去世的时候受到的待遇是非常高的。十二月二十日，顺治帝降哀诏，用一种非常惋惜非常悲哀的语气向全国人民宣布多尔衮的死讯，并表彰了多尔衮的盖世功劳，还规定了二十七天内，无论官民一律服孝，另外禁止人民在这期间内屠宰和办婚事。十二月二十五日，顺治帝再降诏书，加封多尔衮为皇帝，追尊为义皇帝，庙号成宗。

所以，下面的场面应该是预料之中的。当多尔衮的灵柩抵达京城时，顺治皇帝居然亲自主持盛大的迎灵仪式，而且脸上的哀痛之情人人都能看到，这显然麻痹了许多仍然拥护多尔衮的大臣。一边办丧事，一边让人进入摄政王府收回信符和赏功册，这么成熟的政治手腕很难想象是顺治能干出来的。

阿济格之死

根据清朝官方史书的记载，多尔衮死后第三天，阿济格派人问正白旗的大臣："劳亲郡王什么时候可到？"劳亲郡王是谁，阿济格的第五子。吴拜等人政治嗅觉是非常灵敏的，听阿济格派人这么问，意识到阿济格这是在跟他们打招呼，要他们支持劳亲。吴拜等人认为，一旦支持劳亲，下一步可能就是夺取清政权了。为了防范阿济格图谋不轨，吴拜等人跟上面通了声气，加强防守。

说实话，当时的阿济格也是非常焦躁的，多尔衮跟他谈了什么，我们不知道。多尔衮肯定是不想权力旁落的。阿济格和多铎的儿子多尼当时被隔离了，阿济格曾经质问正蓝旗的护军统领阿尔津和僧格："你们为什么不让多尼来我的府上？你们这些浑蛋做得太过分了，你们居然还挑拨我跟劳亲的父子关系……"

总之，阿济格脾气很不好，如果脾气不好那是要吃亏的。大家认为，阿济格过早地暴露了内心的想法，什么想法呢？企图占有正蓝旗和两白旗。

阿济格显然不是搞政变的料，要是这块料的话，也不至于轮到今天才发威，早把弟弟多尔衮推上皇位了。

阿济格想收买的两个人，吴拜和阿尔津都倒向了顺治皇上；皇上年纪还小，他们主要是跟郑亲王济尔哈朗和满达海几个亲王接触。阿济格图谋政变的计划几乎等于是公开了，阿济格打仗还行，搞阴谋这种事真让人摇头。

济尔哈朗就说了："如果阿济格拿到两白旗，国家肯定要乱。大家一定要齐心协力，好好对付这个害群之马。"

但阿济格接下来的表现很愚蠢，他非但没有意识到情况对自己不利，反而公开地对济尔哈朗说："我老弟多尔衮很后悔当初收养多铎的儿子多尔博，所以后来他收养了我的儿子劳亲入正白旗。"这意思无非是说，多尔衮很看好我的儿子，你们应该捧他的场。

阿济格还向亲王博洛说："你和济尔哈朗、满达海是没法理政的，当务之急是赶快议立摄政王。"这些话实在是太明显了，阿济格的政治水平比他弟弟多尔衮差得太远。

阿济格犯的错误远远不止这些，我们看到的是一个莽夫企图染指政治的悲剧。阿济格告诉人们一个道理：假如是莽夫，千万不要染指王朝政治。

在护送多尔衮灵车返京后，阿济格身上佩着大刀。济尔哈朗注意到这点，当即对手下说："英王护送灵车都带佩刀，像这样来迎丧，简直太无礼。我们一定要小心提防，英王举动莫测，不能不防。"

此外，英王的儿子劳亲带着四百多人守护灵车，仿佛有什么不可预测的事情要发生一样。

结果，这些事情整得大臣们人心惶惶，大家纷纷揭发阿济格图谋不轨。大家召开会议，讨论阿济格的问题，结果一致认定阿济格确实有问题，犯了大罪，应当被监禁起来。第二年新年后，再次召集大臣们讨论阿济格的问题。会议结束后，阿济格的十三个牛录被顺治皇帝没收了，另外七个牛录被当成小费赏给检举有功的多尼。阿济格府中的一些汉人奴仆允许离开主人，做自由民，并将阿济格的财产充公。

阿济格的儿子劳亲被革去王爵，降为贝子。阿济格的前锋统领席特库，明知多尔衮去世，没有在第一时间向诸王报告，反而佩戴着刀、带领兵马，准备跟着主子一起谋反，被斩首处决。同时被处死的人还有毛墨尔根、穆哈达、马席等人，被处罚和牵连的人也很多。

经过这一案，阿济格一派从此一蹶不振。作为多尔衮一派最大的刺头，多尔衮死后，顺治小皇帝一派是容不下阿济格的。即使阿济格行止端正，被打压也是必然的。从阿济格的表现来看，他并不是真的要谋朝篡位，只是想发动诸王大臣，支持自己当摄政王。

顺治八年（1651年）九月三十日，监禁中的阿济格发飙，对看守者说："听说我的两个儿子给人家做奴隶，家里的女人也被发配给别人做奴仆……你们这么干的话，我要拆掉牢房，起来造反……"

中午时分，果然有人在拆牢房，狱卒立即向上面报告，诸位大臣开会之后，作出决定，处死阿济格。顺治皇帝赐死阿济格及劳亲，阿济格案至此结束。

第八章　顺治亲政

说实话，听到多尔衮的死讯，孝庄是根本没有时间为多尔衮哀悼的，当前最要紧的是如何应对这种剧变，如何让清帝国稳固。清帝国的未来是非常不清晰的，朝中大臣多是多尔衮的亲信，王公大臣们很多是变色龙，你不知道他们会倒向哪边。此时，孝庄最需要的是一个能够帮助自己的人，这个人必须对大清忠心耿耿，而且是个谋略高手。应该找谁帮忙呢？

清算多尔衮

阿济格的案子揭开了清算多尔衮的序幕。

接下来就是大清洗了，我们很难想象这样成熟的政治手笔是出自十三岁的顺治之手。对于孝庄这个女人，我们实在应该刮目相看。

说实话，听到多尔衮的死讯，孝庄是根本没有时间为多尔衮哀悼的，当前最要紧的是如何应对这种剧变，如何让清帝国稳固。清帝国的未来是非常不清晰的，朝中大臣多是多尔衮的亲信，王公大臣们很多是变色龙，你不知道他们会倒向哪边。

此时，孝庄最需要的是一个能够帮助自己的人，这个人必须对大清忠心耿耿，而且是个谋略高手。应该找谁帮忙呢？孝庄想到了德高望重的范文程。皇太极在世的时候，经常召范文程进宫议事，所以孝庄也经常看到范文程，对于这个大清国的栋梁之臣，孝庄以师礼相待。

多尔衮去世后，政局不明朗，孝庄不方便用太后的身份召见朝廷重臣。每到这时候，总少不了一个人的身影——苏麻喇姑。

苏麻喇姑见到范文程后，警惕的范文程就低声说："小心隔墙有耳。"两人找到了一个隐蔽的地方，范文程才感慨地说："太后的处境老朽了然于胸，你不必赘言，时间紧迫。我只想知道，太后是否一切以大清江山为重，没有其他的想法？"

苏麻喇姑忙不迭地点头。

范文程终于郑重地说道："虽然摄政王对我们大清有很大的功勋，然而已位极人臣，形式上跟皇帝没什么区别，这是对朝廷的蔑视啊！即使摄政王自己没有想法，但是一帮宵小在他耳边蛊惑，导致悖逆的态势越来越明显，摄政王不忠之举越来越多。也是上苍保佑我大清，居然让摄政王猝死关外。不过，形势仍然不容乐观，两白旗和正蓝旗的王公大臣仗着武力，气焰嚣张；现在武英郡王准备浑水摸鱼，形势那是非常危险的。在这种情况下，必须出现一个有手段有魄力的人，以雷霆万钧之势，将危险势力斩草除根。除此之外，我觉得没有什么更好的办法。”

苏麻喇姑的记忆力是非常好的，范文程的话她牢记在心，一字不漏地复述给孝庄太后听。

孝庄听完后，一言不发，良久才说道：“霹雳手段我可以做得到，也必须去做；菩萨心肠，纵然我心怀此念，也未必能做得圆满。”

顺治八年（1651 年）二月十五日，有人控告多尔衮谋反，尽管这时多尔衮已经死了。控告者是谁呢？苏克萨哈，正白旗的议政大臣，以前是多尔衮的亲信。他控告多尔衮什么呢？

苏克萨哈说多尔衮死在行猎之地，侍女吴尔库尼要殉葬。人之将死其言也善，但有时候不是这样的，有时候是人之将死其言也恶，这侍女本来活得好好的，现在要跟多尔衮陪葬，是人都不爽。你让我陪葬，我就告你谋反，我们现在没法知道吴尔库尼的心思。

吴尔库尼是一个非常特别的人，如果没有她告多尔衮谋反的事，估计这女人就不会在史书中出现。在电视剧《孝庄秘史》中，吴尔库尼之所以揭发多尔衮是因为多尔衮拆散了她和自己心爱的人。真实情况怎样，我们并不知道，但可以肯定的是多尔衮非常喜欢这个侍女，虽然这个侍女身份低微，但多尔衮指定让她殉葬。

吴尔库尼为什么揭发多尔衮，一直是个谜。她这个揭发对自己是没有好处的，揭发完了之后还是被迫自杀殉葬了。当然，也有人认为她是被灭口的，不是自杀。具体怎样，我们现在已经搞不清楚了。

多尔衮死后，吴尔库尼找来罗什、博尔辉、苏拜、詹岱、穆济伦五个人，告诉他们："在摄政王王府里有八补黄袍、大东珠、素珠、黑狐褂，王爷没有让其他人知道，你们可以把这些东西偷偷放进王爷的棺木中。"

如果说吴尔库尼是为了求生的话，她这个做法是可以理解的，但事实上她也自杀殉葬了。将黄袍这些东西作为陪葬品，简直就是谋反的证据。当然了，这事情很有可能是栽赃，压根就不关吴尔库尼什么事。

这事发生后，告发多尔衮的人越来越多，俨然变成了一股潮流。墙倒众人推一定是没错的，墙没倒去推是有风险的。

不久，有人告发多尔衮在永平府一带圈地，准备把两白旗的人马搬到那儿。顺治帝接到举报后，自然是让大臣们认真调查。接着，又有人举报说何洛会曾经依附多尔衮，辱骂豪格的儿子，顺治说好好调查。

调查的过程应该说是非常有效率的，结果是告发的事情都是真实的，多尔衮私制黄袍、率两旗驻扎永平、阴谋叛逆，这些罪行都是确凿的。判决很快就下来了，多尔衮的家产和人口被没收，养子多尔博和养女东莪被送给亲王多尼。何洛会被抄家，凌迟处死。苏拜没有举报多尔衮棺材内的违禁品，本来也应该处死，但顺治帝格外开恩，免死。

如果认为对多尔衮的清算到此结束，那我们就太小看了孝庄。

二月二十一日，济尔哈朗、满达海、博洛和尼堪四位亲王联合大臣们联名上奏，要追论睿亲王多尔衮的罪状。所谓追论就是以前讨论的还不全面，现在必须综合更多材料，更加详细地讨论这个人的罪状。多尔衮的罪状那是相当多，我们不妨列举一些主要的。

一、以皇上之继位尽为己功；

二、擅权独断，作威作福，任意罢免选拔人才，一切公文自己裁断，僭称圣旨；

三、不让济尔哈朗摄政，擅自让自己的弟弟多铎当上辅政王；

四、整死肃亲王豪格，逼纳其妃；

五、以朝廷自居，令诸王、贝勒、贝子公侯等每天都到自己的府上议事；

六、排场跟皇帝一样，浪费国家资源；

七、擅入皇宫内院；

八、诬称太宗皇太极之即位“原系夺立”；

九、逼取皇上侍臣归到自己的旗下；

十、私制帝服，藏匿御用珠宝；

十一、欲带两旗移至永平；

……

顺治拿到罪状一看，心想，这些大臣真是好样的，看到这张罪状，大家都觉得多尔衮人神共愤。如果宽恕的话，实在是天理难容。但多尔衮已经死了，家产也被没收了，还能怎么处罚他呢？

办法总是人想出来的。首先是剥夺多尔衮的爵位和名誉，顺治帝下诏："谨告天地、太庙、社稷，将伊（多尔衮）母子并妻所得封典，悉行追夺。"从多尔衮死后被追尊为成宗皇帝，到剥夺一切仅仅两个月的时间。

当然，这还没有结束，西洋传教士卫匡国记载，顺治帝对多尔衮跟自己母亲的暧昧事非常痛恨，加上一直看不惯多尔衮，顺治帝下令鞭尸。将多尔衮的尸体从坟墓里挖出来，用棍子打，用鞭子抽，最后枭首示众。鞭尸这种行为如果没有刻骨的恨是做不出来的，但究竟是顺治想鞭尸，还是孝庄想鞭尸，抑或是两人都想鞭尸，这个就说不清楚了。

在清算多尔衮的同时，顺治也在积极为长兄豪格平反。二月，顺治帝封豪格的儿子富寿为和硕显亲王，将豪格的功劳重新记录在赏功册上，并且归还豪格的财产。

令人吃惊的是，清算多尔衮的过程中，大学士刚林也受到了惩处。根据谈迁的说法，多尔衮死前和阿济格密谋，正是刚林识破了阴谋，连夜赶到京城，才将政变扼杀在摇篮里。在多尔衮死后，刚林的功劳是非常大的。他不仅告密，提前扑灭了一场政变，还帮助皇上从多尔衮的府中收回信符和赏功册。即便功劳如此大，由于刚林多年追随多尔衮，济尔哈朗认为这个人不可信，始终是一个祸患，所以选择了杀人灭口。刚林被处死后，家产被没收，妻子被贬为奴。

还有一个大学士叫祁充格，因为以前跟着多尔衮，擅自修改《太祖实录》，参与多尔衮的谋反，最后也被判了死刑。汉人大臣范文程、宁完我、王文奎等人也被人告发曾经和多尔衮狼狈为奸，但是顺治皇帝并没有给他们治罪，其中原因我们也不得而知。当然，跟顺治帝深受汉文化影响有关系，跟幕后人物孝庄的态度也有关系。

四月，又惩处了大臣巴哈纳，罪名是谄媚睿王，将户部金银送到多尔衮家中。巴哈纳也是爱新觉罗家族的，历任户部尚书和刑部尚书，是个位高权重的人。巴哈纳被革职，家产被没收了三分之二。

冷僧机也被惩处了。冷僧机以前是满洲正黄旗人，跟着三贝勒莽古尔泰。皇太极打掉莽古尔泰时，冷僧机非常识趣，自首保命，此后就跟着皇太极。多尔衮掌权后，冷僧机又跟着多尔衮，而且还得到多尔衮的宠信。冷僧机的罪名是为多尔衮说话，污蔑两黄旗大臣，到处强调当年立顺治的是多尔衮。冷僧机为了讨好多尔衮，还把珍贵的白狼裘献给多尔衮，从没想过这么好的东西应该献给皇上。大家商议之后，决定把冷僧机处死。不过顺治帝却饶他一死，批道："姑从宽免死为民。"

八月，吏部尚书谭泰被人告发，罗列罪状十多条，其中最严重的一条是，谭泰曾经在多尔衮府上表示“我死亦在此门，我生亦在此门”。议政王大臣商量之后，认为谭泰和其子孙都应该问斩。顺治网开一面：谭泰就地正法，籍没家产，子孙免死。

冷僧机逃过第一劫，却没有逃过第二劫，也许是做错了什么事。顺治九年（1652年）三月，顺治皇帝突然颁布了一道谕旨：“拜音图、巩阿岱、锡翰、席那布库、冷僧机这五个人曾经依附多尔衮，朕心知肚明，之所以从轻发落是希望他们幡然悔悟，没想到这些人死不悔改，还敢藐视朕，扰乱国政，朕实在是不能再原谅他们了。”

议政王大臣们又开始搜罗这些人的罪状，这些大臣们当然是希望从严发落，而顺治一定会从宽发落，以此彰显君王仁慈，皇恩浩荡。

顺治说，拜音图这个人庸弱无能，到了晚年，更是昏聩，看在他年老体迈的分上，就免他一死，关在牢里。巩阿岱、锡翰、席那布库、冷僧机这些人呢，死不悔改的东西，全部就地正法，没收家产。

本来这五人的家人也应该一并处死的，但皇恩总是浩荡的，不必要的死伤是顺治皇帝不愿意看到的，所以他们都不必死，老老实实做老百姓吧！

经过一年多的清洗，多尔衮的党羽总算剔除得差不多了。如果说这次清算有什么特色的话，就是只在高层内进行，没有扩大到下层官员，更没有扩大到平民百姓。这个做法是非常明智的，没有引起国家的动荡。

多尔衮一生戎马，为大清国立下了汗马功劳，遭到这种对待估计是他始料未及的。直到一百多年后，出现了一个喜欢下江南，喜欢到处享乐的乾隆，才给他平了反。乾隆是个享乐主义者，心里没那么多怨恨，觉得这人对我们大清有功，不该是这么个待遇，应该给他平反。看来，有时候做好事只需要平常心。

当然，我们也不能说孝庄和顺治这么做就做坏了。当时，国家不稳，顺治皇帝又很小，满朝都是多尔衮的爪牙。小皇帝要树立威信，加强皇权，除此之外别无他法。再说，多尔衮本来就是自己的眼中钉肉中刺，顺治不拿他开刀拿谁开刀，何况他还是个死人，毫无还手之力。

浪花淘尽英雄——评多尔衮

深宫大院内的权力斗争，不是非常残酷，而是绝对残酷。在斗争和角逐中，几乎就没有第二名的立足之地。

多尔衮摄政七年，权力无边，他唯一做错的事情就是没有篡位。如果他篡位当了皇帝，后来的一切就不会发生了，而且他当时的情况确实具备篡位的资本。

在中国历史中，权臣一般是不会有好下场的，如从春秋时期晋国的赵盾到明末的张居正这些人。像曹操这种，自己没篡位，但儿子成功篡位的就不会有什么风险。权臣、丞相、摄政王这些职务在在古代从某种程度上说风险都非常高。

明朝万历年间的张居正是一代权相，辅佐明神宗十年。张居正掌权期间，利用手中权力，整顿朝纲，惩治腐败，加强军事力量，清查税收，创造了一段时间的盛世。万历头十年边境安定，国库充实，出现了少有的太平盛世的景象。张居正能够取得这样的成就不光是靠左右逢源的做人技巧，应该说主要还是依靠霹雳手段，你要改革，必然会触动一群人的利益，要想改革成功，没有铁腕是不行的。

自然，张居正的改革得罪了许多人，甚至连明皇帝都得罪了。当小皇帝长大成人后，自然渴望摆脱这个严师的影响。张居正死了以后，反对者们开始给他罗列罪名，明神宗突然觉得自己被张居正骗了很多年，于是向死去的张居正举起了屠刀。张居正的罪名何其多，其中就有一条是谋反，当然，明神宗并不真的相信张居正谋反。只是剥夺了他的一切称号，将他的家产充公，子弟发配到边远地区，亲信大臣一一革职。

多尔衮和张居正的地位有点像，但实际情况却不尽相同。张居正是为了国家大局着想实行改革，触动了一些人的利益，这些人反击他更多的是为了自身利益。多尔衮的情况不太相同，多尔衮掌权之后，打压异己，虽然为国家立了大功，但对于对手，多尔衮下手也非常重。多尔衮死后，对手们更多的是为了报复而清算他。

政敌们对多尔衮更多的是恨，这些仇恨都集中在多尔衮的头上，并没有涉及具体的政策。多尔衮和张居正都对本朝做出了巨大贡献，张居正被打倒是跟他的改革密切相关，而多尔衮被打倒更多的是因为权力斗争。

乾隆皇帝为多尔衮平反时说，多尔衮虽然独断擅权，但是没有谋逆的意思，如果谋逆的话，当时多尔衮手中掌握兵权，想自立为帝并不是什么难事。这里要说明的是，多尔衮没有谋逆，不代表他不想当皇帝。

多尔衮对于清朝的贡献是非常大的，但是在政治上，远远赶不上皇太极。我们可以从几个方面来考察。

经济和民生方面，多尔衮做得远远不如皇太极，他大肆圈地，处决逃人（指逃跑的人）非常残酷。入关后，多尔衮对于反抗的人实行了恐怖的屠杀政策，如果是皇太极，这种事情是不会出现的，或者至少出现得非常少。多尔衮自始至终没有统一中原，跟他的政策不无关系。多尔衮在文化上也毫无建树，他真正的功劳就是为清朝打下江山。

如果把皇太极比作一个一流的政治家，多尔衮最多只能算是二流，或者说应该算是一个优秀的军事家。

叛逆的顺治

顺治从六岁当皇帝，到十三岁亲政，中间有七年的时间。

这七年他从一个懵懂无知的小孩变成一个熟悉权力斗争的少年，开始对自己身处其中的这个环境有所了解。他没有成熟，但是他开始觉醒。

顺治继承了皇太极和孝庄的基因，是一个非常聪明的孩子，可惜他没有机会接受皇太极那样的教育，很小的时候就被置身于风口浪尖之上，来不及按照生命本来的轨迹成长。特殊的环境加上天生的敏感，导致他性情特别暴躁，喜怒无常。

这也不能怪他，换作别人，结果可能也差不多。如果头脑迟钝一点还好，偏偏顺治很聪明很敏感，所以就很痛苦。

他的内心强烈地缺乏安全感，这导致了他的情感无论是好的情感还是不良的情感都特别强烈。他无法理解自己的母亲，也看不惯自己的母亲；他很讨厌多尔衮，却又惧怕他的权威。他很愤怒，他很生气，但是他没有办法。终于等到多尔衮死掉，一切似乎可以重新开始。

狠狠地报复了多尔衮一通之后，顺治发现自己并不幸福，他还是那样喜怒无常，还是动辄生气。他发现环境依然很复杂，自己依然掌控不了很多东西，连自己的幸福和自由都无法掌控，他很压抑，情绪特别敏感，经常和母亲闹别扭、发脾气。

他发现自己是那么反感那个别人称之为太后的母亲。

在顺治短暂的一生中，充满了矛盾和痛苦。母亲和儿子本来不应该有那么多矛盾的，顺治帝为啥这么恨自己的母亲，估计连他自己也搞不清楚。

母子关系不好，君臣关系也好不到哪里去，夫妻关系也一样。最后没办法，只好一头扎进佛教中，可惜就连出家都失败了，在内外交困身心俱疲的情况下，二十四岁的顺治患上天花，一命呜呼。

顺治帝有“痴情天子”的称号，那是基于他对董鄂妃的迷恋，其实董鄂妃还是他从他弟弟那儿抢过来的。为此，他弟弟受不了，自杀了。

顺治八年（1651 年）正月十二日，十三岁的顺治在太和殿举行了隆重的亲政大典，名义上是顺治掌权，但是背后仍然有一个挥之不去的阴影——孝庄。二月初十，顺治率领文武大臣给孝庄上尊号——昭圣慈寿皇太后。

皇太后随即也有所表示，亲自给顺治下了一篇《诰谕》，这份《诰谕》可以看作教导小皇帝如何当皇帝的，我们不妨摘录下来，确实挺有道理，是封建社会里做好皇帝的指导性文件，凝聚了孝庄历经政治波涛后的大智慧。

为天子者，处于至尊，诚为不易。上承祖宗功德，益廓鸿图；下能兢兢业业，经国理民，斯可为天下主。

民者，国之本，治民必简任贤才，治国必亲忠远佞，用人必出于灼见真知，莅政必加以详审刚断，赏罚必得其平，服用必合乎则。毋作奢靡，务图远大，勤学好问，惩忿戒嬉。倘专事佚豫，则大业由兹替矣！凡几务至前，必综理勿倦。

诚守此言，岂惟福泽及于万世，亦大孝之本也。

这番话说得非常漂亮，体现了孝庄的一片苦心。如果顺治帝能够将其谨记于心，即使赶不上儿子康熙，估计也是个不错的皇帝。可惜顺治非常叛逆，表面上谨遵母后教诲，背地里却按着自己那套行事。

根据史书记载，顺治亲政的第五天，他妈给他找来了一个皇后。这个女人不是别人，正是孝庄亲哥哥吴克善的女儿，论理亲上加亲，在没有近亲不能结婚意识的古代，绝对是美事一桩啊！就连顺治也认为这女孩子不但容貌可以称得上佳丽，而且心灵手巧称得上贤惠。但是当大臣们请求在二月内举行婚礼的时候，顺治帝却说这事得从长计议，暂且还不行，容我慢慢考虑。

顺治的表现让孝庄十分不解，儿子这是咋了，怎么变成这样了？

孝庄不理解的是，孩子长大了不由娘，以前你说啥是啥，现在你指东，他偏要往西。因为顺治帝正在长大，他的独立人格正在形成。

顺治从一出生就是皇太极的儿子，老爸死后，母亲为他打理一切。母亲跟多尔衮斗智斗勇，他是看在眼里的，他的江山是母亲给他的，现在母亲又给他安排了一个老婆，什么都是母后做主，母后英明，母后伟大。那么，顺治的自我呢？他的尊严呢？他的独立人格呢？

如果没有这些东西，多尔衮死后，顺治仍然还只是一个傀儡。不，他已经受够了做傀儡的日子。他要亲手构建自己的幸福，所以他不能接受母亲为自己安排的老婆。这可能就是青春期的叛逆，顺治发育得稍早一些，十三岁也不算太早熟，加上是古代，且是在宫廷中，所以我们完全可以理解他的行为和心理。

这一沉寂就是八个月，中间发生了什么事我们不知道，我们只知道八个月后敲锣打鼓的，顺治拉长着脸娶了这个皇后。可以想象，母子之间发生过多少次争吵。婚礼的第二天就册封了吴克善的女儿为皇后，婚礼确实非常隆重，场面极其热闹。我们可以想象顺治的心情有多烦躁。

顺治与皇后博尔济吉特氏相处了两年的时间，就遇上了婚姻之痒，受不了啦，要闹离婚。

顺治十年（1653 年）八月下旬，顺治帝降旨命礼部讨论废后的事情。这道圣旨下来，群臣一片哗然，大学士冯铨、陈名夏、刘正宗等人联名上奏："臣等不胜惶恐，窃以为皇后母仪天下，此事关系重大，希望皇上三思而行。"

顺治看了奏章，气不打一处来，下了一道圣旨批评这些大臣：我也知道皇后母仪天下，关系重大，所以才要废后啊！不能让无能之人当皇后啊！你们好好反思吧，怎么替朕办事的？

还没等大臣们反思，第二天顺治就把皇后降为静妃。不久，顺治帝又增补了一条废后的理由：这桩婚姻是多尔衮在世的时候定下的，没有经过选择，从册立皇后开始，朕就觉得很不满意。

在中国古代的宫廷里，废后是一件非常重大的事情，顺治帝废后的理由实在不充足。皇后并没有什么重大失德的地方。

孝庄虽然知道自己这孩子脾气很怪，万万没有料到他会来这一招。孝庄是个聪明的女人，而且做事非常稳重，她知道孩子的举动非常奇怪，所以更加不能采取强硬手段，威胁孩子。事实上，当年顺治不愿结婚的时候，孝庄就让苏麻喇姑去做孩子的思想工作。那时候，顺治已经是个很有心计的人了，他隐瞒了自己的真实想法，他知道胳膊拧不过大腿，自己现在太嫩，不是母后的对手。

两年后，顺治觉得自己已经很厉害了，可以跟孝庄对着干了。顺治指责当年多尔衮和孝庄为自己指定亲事，在当时看来是毫无道理的，在现代当然体现了追求自由恋爱的精神。由于顺治不是一个艺术家，更不是思想家，所以没有理由这么离经叛道。别说你是皇帝，就是平常百姓，也得遵守父母之言啊！顺治的圣旨如此指责自己的母亲，显然表达了自己的不满。

也许顺治帝也知道自己闹得非常过分，为了让自己的要求看起来更合理，他又找了一个借口：我跟皇后相处三年（实际才两年）了，三年的时间居然从未和皇后做过夫妻之间应该做的事情，这样下去怎么了得，一旦后继无人，岂不是对不起江山社稷，我顺治可不想做这个罪人，大家说怎么办吧？

顺治这番话可不光是对母亲和大臣们说的，还是对普天下老百姓说的，多聪明的一个人，知道争取广大人民的支持，把握住舆论的力量。那么小的年纪就追求自由的婚姻，有事没事还想着人佛教，感受宗教的温暖。顺治帝，真的是一个非常前卫的年轻人。

平常人思想前卫、行为叛逆都可能让老一辈看不惯，更别说一国之君了。一些饱受儒家文化熏陶的汉臣们，以礼部尚书胡世安为首，经常在顺治皇帝耳边唠叨，兹事体大，要小心小心再小心，谨慎谨慎再谨慎。

礼部员外郎孔允樾仗着自己是孔子的后代，逮住顺治皇帝，大声质询："皇上啊，你说这么大个事儿，你怎么可以轻易决断呢！老臣看到圣谕里说皇后是无能之人，当时没把老臣晕死。皇后在位三年，没看做啥错事啊！皇上怎么可以用无能来形容皇后呢，难道皇上不知道这很伤人啊！"

顺治沉默不语，脸上的肌肉绷得紧紧的。孔允樾一看不妙，便想替顺治打圆场："我也知道皇后让皇上不是很满意，那皇上也可以模仿旧体制，设立东西二宫，分而治之吧！一国两后不也挺好的吗？"

顺治还是不说话，孔允樾吓坏了，今天是不是玩大了，会不会掉脑袋。想到这里孔允樾额头上汗水如注，壮着胆子说："老臣既然是圣人后代，又担任礼官，碰到这种事情正是职责所在，如果我怕斧头的话，只怕也对不起皇上，对不起老祖宗了。皇上如果不高兴，就把我砍了吧！”

顺治帝冷冷说道：“我不会砍你的，你给我快退下吧。”

“皇上圣明。”说完，孔允樾就匆匆走了。

有意思的是，顺治故意让整个朝廷讨论废后一事，朝廷里所有中级以上官员都要对这事发表看法。我们不禁要问，顺治帝到底在想什么？他究竟是想废后，还是另有目的？

废后一事有点吸人眼球的感觉，其实，顺治帝确实有这个意思。当然，他不光是要吸引眼球，还要通过这一事件测试自己手中的权力到底有多硬，欲达到收权的目的。

废后一事针对的真正对象是孝庄，一切都是做给孝庄看的，你让不让我独立，不让我独立我跟你没完。什么叫独立，独立就是乾纲独断。大臣们为难了，一边是皇帝，一边是太后，怎么办呢？

当然是太后更重要，太后是实力派，所以大臣们纷纷联名上疏请求皇上收回成命。顺治心想，你们不买我的账，那好啊，不按照我说的做就要办人了。

朝廷顿时吵得沸沸扬扬，礼部尚书胡世安和员外郎孔允樾提出个折中方案，皇后已经立了，轻易废掉是很不好的。不妨保留皇后，仍正位中宫，另外再设立东西两宫。这样不就两全其美了吗？

应该说这个意见是非常不错的，可是对于青春叛逆期的顺治来说，这是无法容忍的。年轻人都是比较冲动极端的，顺治回道：“我也知道废后容易引起非议，但我实在受不了皇后了，你们的意见不好，再好好想想。”

顺治的意思很明显，不废后我决不善罢甘休，根本没有任何妥协的余地。顺治的态度是非常强硬的，甚至都不接见苏麻喇姑，他不想做出任何让步。

孝庄是一个非常聪明的女人，她应该能够看出儿子废后的真正动机，直到此时，孝庄才明白让儿子亲政意味着什么——意味着大清国从此他一个人说了算，自己的影响力正在逐步削弱。

如果说孝庄要阻止顺治的话，是绝对有能力做到的，不光是因为孝庄有这个权力，而且也因为顺治这个做法不合圣人之道。再加上废后势必影响大清和蒙古的关系，为了国家大局着想也不应该废后。蒙古一直都是大清的盟友，因小失大那是得不偿失的事。孝庄只要站出来，就可以把这件事叫停。

可她没有这样做，她选择了妥协。也许她太了解这个儿子，也许她有更深一层的考虑。

想当年，多尔衮入关的时候，顺治还只是一个黄毛小子，在多尔衮面前毫无安全感，皇位随时可能被人取代。多尔衮死后，儿子终于亲政。这几年，他一直努力学习，勤于国政，已经有了人君的气象。他迫切地想要建立自己的权威也是可以理解的，如果因为废后这件事情挫了他的锐气，那对他的打击是非常大的，更要紧的是会降低皇帝的威信。这跟垂帘听政就没什么分别了，以后皇上还怎么治理国家，发号施令？

为了成全顺治的权威，孝庄再一次做出牺牲，孝庄主动出面，说服了以议政王济尔哈朗为首的王公大臣们，同意顺治帝废后。

孝庄这么做，等于是向天下人宣布：大清国皇帝顺治享有至高无上的权威，任何人不得强迫他做自己不喜欢的事情，大清国的权力掌握在他一人手中。

顺治终于达到了自己的目的，可是母子之间的感情就日渐淡薄了。随着时间的推移，母子之间的隔阂越来越大，彼此之间的伤害越来越深。

第九章　一辈子都在和母亲死磕

宫里人都觉得顺治皇帝有很严重的暴力倾向。但是在施政方面，他经常表现出体恤百姓爱民如子的特征，他颁布的一些政令很受老百姓欢迎。他刚亲政的时候，就废除了多尔衮统治时期的几大弊政——圈地、追捕逃人等，安抚工作他做得还不错，所以顺治帝虽然活得短暂，但在人们眼里仍然不失为一个明君。

古怪的皇帝

写到这里，或许我们有点反感顺治帝。你说这孩子，你妈对你那么好，你干啥要跟她过不去啊！其实，认真想想，我们还真不应该怪他。一个人的性格跟他的成长环境是有很大关系的，顺治成长的那个环境我们可以想象，六岁就离开妈妈的怀抱，进入深宫当皇帝，加上顺治帝总忘不了多尔衮带给自己的心理阴影。

聪明从来不是衡量一个皇帝好坏的标准，许多昏君并不像人们想象中的那样，大脑不够用。明朝后期的几个皇帝也是非常聪明的，但大都昏庸、变态，甚至非常荒唐。顺治帝虽然没到这个地步，但表现也确实够奇怪的。说他是昏君肯定是小题大做，说他性格怪诞那是没有问题的。

顺治的一生很短，仅仅活到二十四岁，从他短暂的一生可以看出，这人可能有多重人格。这一点，我们可以从德国传教士汤若望的描述中了解。汤若望不仅是一个传教士，也是一个天文学家，他来到中国后，历经崇祯、大顺、顺治和康熙四朝，是一个老牌的中国通。

汤若望进入大清宫廷后，很快就和孝庄、顺治建立起了深厚的友谊，顺治经常称呼这个满头白发的洋人为“老爷爷”。走遍半个地球的汤若望对人对事都有一套自己独到的认识，他很早就看出顺治这个人优点与缺点都非常明显。例如，他说顺治很聪明，长得很英俊，有慧根，甚至比较早熟。除此之外，他觉得顺治天性仁厚宽容，能够听得进逆耳忠言，但是也很容易受坏的思想影响。用汤若望的看法来说就是“容易受恶势力影响”，但这话汤若望肯定没法直接说出口，毕竟对方是个皇帝，说话得考虑脑袋。

对顺治身上的一些缺点，汤若望也洞若观火，他就曾经指出顺治酷嗜游猎，老子早就说过“驰骋畋猎，令人心发狂”。

所以，汤若望接着说顺治内心会忽然想起一种狂妄计划，而以一种青年人的固执坚决施行；有时一件小事就能让顺治暴怒，导致他的举动跟一个发狂发疯的人一样。

汤若望这些描述在中国的正史和野史中是看不到的，作为一个外国传教士，他凭借天文学和西洋科技得到清朝宫廷的赏识，做到钦天监的高位，得以近距离观察太后和皇帝。加上他可以以一种局外人的角度观看宫廷里发生的一切，所以他的记录应该有很大的真实性。

不光是外国传教士觉得顺治帝喜怒无常，就连许多禅宗高僧也觉得顺治帝这人脾气特别暴躁。

宁波天童寺的高僧木陈忞在顺治十六年（1659年）九月奉旨进京，在京城待了八个月，顺治帝对他极为尊崇，赐他“弘觉禅师”尊号。这个时候，顺治已经二十二岁了，亲政十年。根据这个老和尚的说法，这个皇帝喜怒无常，不时鞭打左右。老和尚实在看不下去，借着讨论禅学劝谏他：“参禅学道之人不可任情喜怒，一念嗔心起，百万障门开。”

面对高僧的教诲，顺治还没疯狂到拿起鞭子抽老和尚的地步，只得点头说：“我知道了。”所谓知道就是我晓得是这么回事，但就是改不了。愤怒的性格，就像火种一样，可以压抑一段时间，但始终是要爆发出来的。

宫里人都觉得顺治皇帝有很严重的暴力倾向。但是在施政方面，他经常表现出体恤百姓爱民如子的特征，他颁布的一些政令很受老百姓欢迎。他刚亲政的时候，就废除了多尔衮统治时期的几大弊政——圈地、追捕逃人等，安抚工作他做得还不错，所以顺治帝虽然活得短暂，但在人们眼里仍然不失为一个明君。

清代满族人一般男女在十二三岁的时候就可以谈婚论嫁了。从史料中可以知道，顺治是在十三岁结婚的，但是在他十二岁的时候，庶妃巴氏就怀孕了。巴氏生的这孩子不到两岁就夭折了，过早生孩子，可能是孩子很难长大的一个原因。

庶妃巴氏之前不过是一个宫女，顺治宠幸她时只有十二岁，她因为生下皇长子被封为庶妃。又过了一年，顺治跟另外一个庶妃生下了福全，再过一年，生下了玄烨。在生育上，顺治表现得很上进。

不过，在顺治的后宫中有五个博尔济吉特氏，没有一个博尔济吉特氏为他生下一男半女。由此可见，顺治帝是非常固执的，对于来自他母亲家族的女性坚决不碰。所以顺治说跟皇后共处了两年，没有夫妻之实应该是事实，当然这不能怪皇后，只能说顺治这个人太偏执了。

顺治皇帝与皇后相处了两年，没有任何爱情的结晶。但这两年里，他和其他的妃子生了两个儿子。一个叫福全，一个叫玄烨。

顺治一生中，史册记载的皇后和妃子共有十九位，两个皇后都没有所出，其他妃子为他生了八个皇子，五个公主，其中只有四个皇子活了下来，成活率只有二分之一，比较低了。

虽然老婆一大堆，但顺治好像对她们并没有多少感情，除了董鄂妃。对皇后，顺治帝特别恨。对于自己的这些儿子女儿，除了董鄂妃生的第四子外，他也几乎没什么感情。临终前，他考虑继承人的时候甚至打算把皇位传给自己的堂兄弟。可以想见顺治性格之怪异，恐怕就是孝庄也猜不透他的心理。

顺治废后的时候是十五岁，那时候包括孝庄在内，大家认为这应该是一时的，过一段时间，顺治肯定会慢慢变好的。事实恰恰相反，掌握大权后，顺治的性格不但没有变得温和，反而变本加厉。现在他是想怎样就怎样了，今天想用鞭子抽谁，那个人肯定是躲不了，过了几天，又觉得干啥都没意思，想去寺庙当和尚，谁也拦不住他。

总之，你不知道他想做什么，他身上有一股冲动，连他自己都不知道这股冲动来自哪里。换句话说，他生命中有一种压抑，他一直想突破这个压抑，这个压抑到底是什么，估计连他自己都不清楚。他只能设想是多尔衮，但是多尔衮已经死去很多年了，多尔衮的阴影真的有那么大吗？

顺治的一生是躁动不安的一生，最后染天花而死对他来说真是一种解脱。他解脱了，孝庄也解脱了，满朝的文武大臣也解脱了。中国将迎来一个新时代——康乾盛世。中国将出现一个雄才大略的君主——康熙大帝。

顺治十六年（1659年）六月，南明的延平郡王郑成功率军穿过台湾海峡，从东南沿海登陆，一路上势如破竹，大败清军，接连攻克瓜洲、镇江，大军围困江宁。一时南方各省人心晃动，纷纷有密谋起义的举动，整个江南各省陷入了紧急状态，清廷上下大感震动。

是不是很想知道顺治帝是啥反应，我们可以从顺治“玛法”（老爷爷）汤若望的回忆录中了解到情况：

当这个噩耗传至北京，皇帝完全失去了他镇静的态度，而颇欲作逃回满洲之思想。可是皇太后对他加以斥责，她说，他怎么可以把他的祖先们以他们的勇敢所得来的江山，竟这么卑怯地放弃了呢？他一听皇太后的话，这时反而发起了狂暴的急怒。他拔出他的宝剑，并且发誓说他要亲自去出征，或胜或死，决不更改自己的意志。为了强调自己的决心，他居然用剑把皇帝的御座劈开。那意思是说，如果有人敢对他御驾亲征说一个不字，他就一剑把谁劈死。

皇太后枉然地尝试着用言语平复皇帝暴怒的心情。另派皇帝以前的奶母到皇帝面前进劝。可是这更增加了他的怒气。各城门已贴出了官方的布告，晓谕人民，皇上要亲自出征。当时全城内便起了极大的激动与恐慌。王公大臣排着长队到汤若望这里请求援助。若望应允，至皇上面前呈上奏疏，并且很深沉地恳求，不要使国家破坏到这地步，这是大家都不希望看到的。当时皇帝的情绪就转变了过来，请若望起。现在他知道，玛法的意见是好的。所以，各城门上又贴出了一张新布告，晓谕人民，皇上之出征已作罢了。

从这段文字可以看出，顺治帝的脾气是相当暴躁的，可以瞬间从一个极端跳到另一个极端。从中也可以看出，顺治和汤若望的关系还是比较好的，文武百官包括皇太后的话都不听，但就听得进去一个洋人老爷爷的话。

汤若望是一个天主教徒兼科学家，没什么私人立场。他在天启二年（1622 年）的时候来到广东，认识了徐光启，后来徐光启给他介绍了一份工作，帮助崇祯修订大明历法。在大明朝廷内，汤若望发挥专长，不仅修订历法，还帮助明朝研制西洋大炮，为此，崇祯皇帝还经常赏给他牌匾。崇祯十三年（1640 年），汤若望升任北京天主教教区区长，并被允许在宫中举行弥撒。

崇祯对汤若望还是不错的，所以汤若望刚开始对清朝政权没什么好感。多尔衮进京后，为了防止满汉混居，大搞拆迁，本来汤若望的教堂也要从城北迁到城南。大家都知道，拆迁是关系到民生的事，汤若望很不希望教堂被强拆，于是给多尔衮写上访信，请求不要强拆。没想到多尔衮居然给他面子，准许他留在原地，这让他对清廷产生了一些认同感。

没过多久，汤若望就向清廷毛遂自荐，为他们制作测量星体的仪器。这就是做科学家当医生的好处，不怕改朝换代，技术性人才在谁手下做事都吃得香。就这样，汤若望在清廷里也混得风生水起，为清朝创立了新历法，当上了钦天监，获得了太常寺少卿的头衔。

也不知道是汤若望会做人还是怎么回事，顺治这家伙对谁都不好，就跟汤若望比较亲。孝庄也很信任汤若望。说到这里，我们不得不佩服汤若望，此人真的是多才多艺。他不光懂天文，会造大炮，还会治病。顺治的第一任皇后从蒙古来到北京后，突然生病了，宫里的太医都治不好，汤若望看看就治好了。这使得孝庄非常感激这个老头子，在大家眼里，汤若望是非常神奇的一个老头子，他懂得一些别人都不懂的东西。后来，顺治帝封汤若望为光禄大夫，甚至还封汤若望祖宗三代为一品大官。这种荣誉只有马可·波罗才能比拟。

顺治甚至免除了汤若望的跪拜礼，对这位老人的尊崇到了极点。顺治经常去教堂里和汤若望聊天，王公大臣在顺治眼里啥都不是，偏偏对一个老人这么尊敬，是啥道理呢？难道顺治那时候就知道崇洋媚外？自然不是，那时中国是天朝大国，不存在这一说法。

用顺治自己的话说："大臣们都很虚荣，都打着自己的算盘，汤若望不是这样，他的奏疏语言充满慈爱，读来让人流泪。"顺治还对别人说："玛法的人品非常好；别人都不爱我，在我面前装成哈巴狗一样是为了谋取利禄；我经常问玛法要什么东西，他很自足，从来不爱利禄，只爱我。"

汤若望前后给皇帝上了三百多道奏章，这些奏章都是关系到国事和民生的，从来没有为某个集团谋取利益。所以，我们能够理解顺治帝为什么信任和喜欢汤若望了。这些奏章中，有四道最为典型：一、阻止皇帝迎接达赖喇嘛，汤若望对喇嘛教非常排斥，他认为皇帝如果出塞迎接喇嘛，那是一种耻辱。二、敬谨亲王尼堪被大西军李定国埋伏斩杀后，顺治皇帝原本打算将亲王手下的两百多将士处死，汤若望毅然上疏，认为这样做不好，请求免除这些将领的死刑，改罚为降职。三、皇帝有一次突发奇想，想在长城北边搞一个大规模的军事演习，顺治如果真是想搞军事演习，也可以理解成强兵，但事实上他只是把这个当成游戏。汤若望听了，对顺治阐明弊端，玩这种游戏可能导致很多老百姓误伤，结果顺治采纳了。四、顺治十六年（1659 年），郑成功围攻南京，顺治帝吓得手足无措，先是想逃跑，后来又准备御驾亲征，汤若望最后把他劝住了。

顺治患上天花死了之后，孝庄就找到汤若望，问："汤老师，小顺治招呼都不打一声就死了。他留下几个孩子全是未成年少年，老二福全已经九岁了，老三玄烨才八岁。现在到底是应该立福全为皇帝，还是立玄烨呢？"

汤老师想都没想，就说："当然得立玄烨了。"

孝庄问："为啥立玄烨呢？"

汤老师说："因为……很简单，小玄烨已经得过天花，不再那么容易死了，虽然这小孩脸上满是麻子，将来活得可长了。"

孝庄一听有道理："就立玄烨吧！"

汤若望真是大清的贵人，但是在顺治帝死后，他的命运发生了翻天覆地的变化，险些被处死。但说来也奇怪，就在这时京城发生了地震，古人比较迷信，怀疑是不是老天不让处死汤若望，加上孝庄太皇太后为汤若望说情，汤若望才逃过这一劫。

在康熙八年（1669年）的时候，康熙又为汤若望平反，恢复了汤若望的一切名誉，不过这时汤若望早已魂归上帝了。汤若望一生虽然深得顺治帝信赖，但也不是没有遗憾，他曾经想让顺治信奉天主教，并且奉天主教为国教。这个是失败了，我们知道顺治帝是信仰佛教的。

痴情天子

在跟董鄂妃相恋之前，顺治还和一名汉族女子发展过一段短暂的恋情，这个女人的出身也非常不错，是孔有德的后代。孔有德虽然是汉人，但好歹是封了王的，所以他的女儿孔四贞也算是一个郡主。

张献忠死后，他的养子孙可望、李定国等人率领部队进军广西桂林，当时奉命镇守桂林的就是恭顺王孔有德。入关后，孔有德改封为定南王。被大西军围困之后，孔有德无处可逃，只好关门自焚。在自焚之前，他杀掉自己家人，只有一个女儿逃了出来。这个郡主叫孔四贞，只有十三四岁，是个花木兰式的女孩，常年跟随父亲打仗，骑射本领非常好。

孔四贞逃出来后，只身来到京城。孝庄念孔有德全家为国捐躯，将孔四贞纳入慈宁宫收养，封为和硕格格。孔四贞进宫后，顺治废了皇后，两人相见后，很是投缘。孔四贞是一个非常外向活泼的女孩子，她跟顺治很快就打成一片，形影不离。有了孔四贞，顺治眼里就再没有其他妃子了，更不用说皇后。

孝庄虽然成全了顺治废后的想法，心里却对自己的侄女和整个科尔沁博尔济吉特家族非常愧疚。所以，她耐心地对儿子进行教育，谈到祖宗创业的艰难，谈到今天之所以能在中原当皇帝，离不开当年漠南蒙古各个部落的支持，所以，孩子啊，我娘家是为大清做出了巨大贡献的。对这些，顺治也点头表示赞同。

孝庄于是顺水推舟："既然你不中意表妹，那我再帮你选个皇后吧！"

这个皇后是孝庄的侄孙女，跟前任皇后性格完全不同，前任皇后特别爱吃醋，顺治不临幸她，她也不让顺治临幸别人。而这个皇后性格非常沉静，人很好，典型的任劳任怨无怨无悔型。顺治虽然没有拒绝这桩婚姻，但好像还是不怎么喜欢皇后，只要是博尔济吉特氏，他仿佛觉得烫手山芋似的，就好像有什么心理阴影。看到顺治整天跟孔四贞在一起，皇后也只能在深宫里叹息，是的，她除了叹息再也没有其他办法，总不至于要死要活吧，这样既丢面子，还没效果。碰到顺治这样的浪子，只能由他去吧！

孝庄看到儿子这样子很不高兴，她担心新任皇后可能再度被废，便一再强调"满汉不得通婚"，一方面是给顺治施压，另一方面也是希望孔四贞好自为之。然而，事情的发展出乎孝庄的意料，这说明她的智慧远远赶不上顺治胡闹的速度。

顺治突然不迷恋孔四贞了，这是好事吧？表面看来，确实是好事。

事实上，却是天大的坏事。顺治移情别恋了，而且对象不是皇后，是自己弟弟博穆博果尔的老婆。

博穆博果尔是皇太极最小的儿子，脾气非常刚烈，在顺治十二年（1655年）的时候受封为襄亲王。他的老婆董鄂氏是满洲的世族，董鄂氏的父亲鄂硕曾经担任内阁大臣。董鄂氏十四岁的时候嫁给博穆博果尔。

鄂硕跟着多尔衮一起入关，积极响应多尔衮的号召，带着全家移民到北京。鄂硕是一个非常与时俱进的人，为了更好地适应新环境新形势，他率先招聘了一批汉人为自己服务。为什么要说这件事呢？因为这事关系到董鄂氏的一生，因而也影响了顺治帝的一生。

有人就奇怪了，不就招聘了几个汉人嘛，怎么就关系董鄂氏的一生，还影响到顺治皇帝的一生？

不急，我们慢慢道来。鄂硕此举无疑为自己的子女提供了一个接触汉文化、学习汉语的机会。董鄂氏就是这么一个人，她的求知欲非常旺盛。她如饥似渴地学习汉文化，不知不觉就受到浸染，开始想象自己是唐诗宋词中的深闺少女，慢慢地，气质就出来了。这种气质在满族中肯定算是异类，但偏偏很容易吸引顺治。

董鄂氏是一个非常沉静的女孩子，而博穆博果尔则非常活泼好动，看着董鄂氏整天抱着书啃，博穆博果尔气不打一处来："难道你老公我就这么不堪，连一本破书都不如？"

董鄂氏："什么啊？你做你的事，我做我的事，这不是很好吗？"

博穆博果尔："你不是很喜欢看书吗？那里面讲的三从四德，你有没有看进去啊？"

董鄂氏："有没有看进去是我自己的事。"

博穆博果尔："你未免太不讲理了吧！"

董鄂氏："不跟你说了，我要进宫服侍皇太后。"

在清初，根据老规矩，像董鄂氏这种身份必须进宫侍奉后妃。董鄂氏的身份非常高，服侍的对象是皇太后。这样一来，跟顺治就有机会见面了。根据规定，顺治每天早晚必须去见皇太后。顺治的女人虽然非常多，但自始至终他不明白情这种东西是咋回事，所以对于书中的什么梁山伯祝英台非常羡慕。

某一天，顺治按照惯例去慈宁宫向孝庄问安的时候，忽然发现孝庄身边有一个很有气质的美女。顺治躲在一棵树下注视着那个女子，首先发现这个女子衣服穿得很得体，既衬托出身材，又显出了身份和气质，接着他又发现这个女子举手投足之间有一股说不出的扣人心弦的气质。当时，顺治就在心里感叹：好一个气质美女啊，正是我朝思暮想的类型。

结果，顺治向皇太后问安的时候，眼睛直勾勾地盯着那美女。这美女很懂风情，仿佛知道顺治心里想啥，顺治盯着自己的时候，她总是垂目作温顺状。

自此，顺治让太监去打听这美女是哪家的，有没有主。太监回来告诉他，这女孩已经名花有主了，而且主人还是顺治的小弟弟博穆博果尔。听到这个消息，顺治反而更高兴了，都是自家人，近水楼台先得月嘛！

有一天，董鄂氏去坤宁宫侍奉皇后，进了坤宁宫后，发现皇后去了皇太后那儿。董鄂氏便在那里干等，顺治得知这个消息欣喜若狂，立即跑到坤宁宫去，平常很少见他去坤宁宫。

这是董鄂氏和顺治第一次独处，据说顺治非常紧张，董鄂氏反倒显得平静。这个是可以理解的，董鄂氏没有其他想法。交谈之间，顺治对董鄂氏的好感以几何级数增长，这女子不光气质超凡脱俗，对汉文化简直如数家珍，真是难得的才女啊！

想当年，顺治亲政后，为了掌权，他让文武大臣将一切奏章都交给自己，不必请示郑亲王济尔哈朗。掌权也是有代价的，那就是让自己更辛苦。这些奏章大多是汉文，首先福临的汉文必须要过关。为了能够顺利阅读奏章，总结历代帝王的治国经验，福临可以说是下了苦功的，拼命学习汉语，经常闻鸡读书。功夫不负有心人，多年的付出总算有回报了，顺治成为一个颇具汉文化修养的皇帝。

福临得知董鄂氏跟自己一样，对汉文化怀有深厚感情之时，顿时有了知音之感。

这一切怎么逃得过孝庄那双犀利的眼睛，为了防患于未然，孝庄居然改变老惯例，停止命妇入宫服侍。顺治也不傻，看到母后这么做，就知道是冲着自己来的。

这也不能怪孝庄了，顺治你这孩子太不尊重母亲娘家人了。你表面上是去看母后，实际上想见董鄂妃。董鄂妃前脚进慈宁宫，你后脚就来了。眼里还有没有我这个母亲呢？孝庄太了解顺治了，她知道这个孩子一旦想做什么事，九头牛都拉不回。

顺治也不服输，心想老妈你坏我好事，行，我自有办法。顺治知道博穆博果尔很喜欢带兵打仗，于是就封他为硕襄亲王，让他带着八旗军到南方去打仗。当时博穆博果尔只有十五岁，让这么一个没有军事经验的人去打仗，这一招非常阴险。总之，只要支开了博穆博果尔，就有机会去见董鄂氏了。

孝庄渐渐想通了，自己给儿子找的两个皇后都很不讨好，其实并不是顺治跟皇后们有仇，而是跟自己过不去。“恨屋及乌”，只要是博尔济吉特氏，顺治就反感。

为了牵制顺治，孝庄想起孔四贞这个棋子，以前顺治不是喜欢孔四贞吗？好，就立孔四贞为仅次于皇后的东宫皇妃。顺治帝看出了孝庄的意图，坚决不同意。结果让孝庄无地自容，顺治让天下臣民觉得孝庄出尔反尔。这件事中最难堪的就是孔四贞了，孔四贞好歹是一个郡主，结果这么不被人尊重。最后，孔四贞以“自幼许配”为由，嫁给父亲的老部下孙延龄。

话说这个博穆博果尔，接到带兵打仗的消息，自是乐得不行。一身戎装，坐在马上，志得意满。

许多老将自然看不惯博穆博果尔纨绔子弟的样子，加上他年少无知，好勇斗狠，赏罚不明，处事不公，引起了下面强烈的不满。还没和敌人打仗，军中就流传着关于他的谣言。这些谣言无非是董鄂氏红杏出墙，主帅头顶“戴绿帽”的。

我们看看汤若望是怎么记载这件事的，精明的汤若望没有发表任何评论，只是客观地记叙事实：

顺治皇帝对于一位满籍军人之夫人，起了一种火热的爱恋。当这位军人因此申斥他的夫人时，他竟被对于他申斥有所闻知的天子，打了一个极其怪异的耳掴。这位军人于是因怨愤致死，或许竟是自杀而死。皇帝遂将这位军人的未亡人收入宫中，封为贵妃。

博穆博果尔这一死可以说非常及时，否则顺治还真得下一番苦功夫才能把董鄂氏纳入后宫。顺治不光要纳董鄂氏为妃子，还想册立她为仅次于皇后的皇贵妃。这一切，孝庄忍了。她不能不忍，她就这么一个儿子，总不能把他废掉吧！

册封董鄂妃为皇贵妃大典后的第九天，顺治又做了一件非常过分的事。他一方面恭奉宝册，在上面加上孝庄皇太后的尊号；另一方面公然下令太庙牌匾内停止书写蒙古文字，只能书写满汉两种文字。这是赤裸裸地表达对母亲的不满，还把这种不满扩大化，延伸到整个蒙古。这么做，简直是视皇太后如无物。

太后信佛，但绝不是吃素的

看起来，在顺治与孝庄这场旷日持久的斗争中，顺治取得了暂时性的胜利。

面对顺治帝这么疯狂的行为，孝庄冷冷的没有任何表示，我们确实无法理解顺治的所作所为，也许只有孝庄才能明白。他们母子之间的关系是这么奇怪，光用叛逆不足以解释。

对于顺治用自己的名义所做的一切，孝庄始终选择沉默。顺治伤害她的族人，她还是没有采取任何行动。

孝庄似乎沉寂了，会任由顺治帝欺负下去——如果这样想，就大错特错了。孝庄什么大风大浪没有见过，只因顺治是自己的儿子，所以才找不到合适的机会摆平他，但她相信这个机会很快就会出现的。

顺治十四年（1657年）的时候，董鄂妃为顺治生下皇四子，很可惜这个孩子活了两个月就夭折了。顺治破例追封他为荣亲王。

董鄂妃皇子早殇不久，孝庄以圣躬违和为借口，移居到南苑去养病，并且命令后妃和百官必须要前去问安。当时正值寒冬腊月，董鄂妃的身子又一向不是很好，加上儿子早逝，其状况可想而知。孝庄的手段就是高啊，比顺治高出太多，她整人是不露痕迹的。大家都来向我问安，总不至于有人怀疑我整你吧！再说了，这也是规矩。

我们想想看，一个刚生育儿子，儿子又早夭的女人，身心的痛苦岂是常人所能想象的，但就是在这样的情况下，还要冒着大雪从紫禁城赶往几十里外的京郊伺候孝庄。这种感觉实在是太痛苦，可以想象孝庄没有少折磨她。董鄂妃就是在这时种下了病根，后来身体越来越糟糕，三年后去世。死后被追封为孝献皇后。

董鄂妃死后，顺治痛不欲生，简直想去黄泉路上把董鄂妃拉回来。当然，在顺治内心里，董鄂妃早逝的罪魁祸首便是那个深沉严苛的母亲，可是他又不能杀掉自己的母亲，甚至不能公开地反对自己的母亲。怎么办呢？只好强忍着愤怒去讽刺和揭露这个人，这在顺治亲自为董鄂妃撰写的《董妃行状》中表现得非常明显，从中我们可以看出顺治对孝庄的控诉与愤怒。

《行状》刚开始说：

年十八，以德入掖庭，婉静循礼，声誉日闻，为圣母太后所嘉许。……事皇太后奉养甚至，伺颜色如子女；左右趋走无异女侍……

这段文字是啥意思呢？表面上看好像是将董鄂妃和孝庄的关系描述得很和谐，太后夸奖她，她把太后侍奉得非常好。我们不妨来翻译一下：董鄂妃十八岁因为品德端方成为我的老婆，为人非常温婉安静，而且很懂礼，名声一天比一天好，太后也经常夸奖她。董鄂妃对太后好得绝无二话，察言观色仿佛子女，来回跟着如同婢女，就是这样，这个老太婆还经常刁难她——当然，这个是意译。

其中，顺治还记载有一次要侍奉太后去温泉疗养，当时董鄂妃有病不能前去。皇太后却说："若独不能强起一往，以慰我心乎？"——我这个老太婆好不容易想去疗养一次，你就不乐意了。董鄂妃没办法，只好抱病前去。顺治对此非常激愤，当然他不敢直接骂孝庄，就在文中说："盖日不忍去后如此。"就是说，孝庄这个老太婆特别"爱"董鄂妃，一刻都不愿离开她，由此可见顺治的愤怒。

在《行状》的最后一段，顺治再也无法掩饰自己的愤怒，竟然想象太后死去的场景，当然他保持了最大限度的克制，说自己很孝敬这位慈母，只是身为男子，有些事情需要避嫌，只能仰仗董鄂氏了。

即皇太后千秋万岁后诸大事，俱后是类。今一朝崩逝后，脱遇此朕可一一预及之乎？将必付之不堪委托之人，念至于兹，朕五中摧痛，亦不能伤痛无已矣！

这段话的意思是：如果太后有一天死了，肯定是由董鄂妃来操办丧事。现在爱妃不幸去世，以后太后死了，这么大的事交给谁呢？只怕会交给不能胜任的人，每每想到这里，朕五脏六腑都是痛的，爱妃你死得太早了，以后太后死了我指望谁为她操办丧事啊？

太后还没死，就想象太后已经死了，虽然话说得非常好听，但也是大不敬。顺治的想法实在太过奇怪，居然想象母亲去世后，董鄂妃为她办理一场规模空前的丧礼。

《行状》中说董鄂妃入宫多年，为人谦和低调，对太后很尊敬，对宫中的仆人都很优待。作为皇贵妃，她管理着后宫的妃嫔宫女，宽容仁厚，没有丝毫吃醋之意。

我们回头看看董鄂妃的一生，如流星一般短暂，却充满了无法言喻的不幸。她首先是跟一个没有共同语言的男人结婚，后来顺治皇帝把她从这个男人手中抢走，这个男人自杀了，作为一个女人，我们不知道她用什么态度面对这种事情。显然，她心里肯定非常痛苦，虽然并不爱那个男人，但毕竟是名正言顺的丈夫，结果这个男人因为自己而死，好歹欠人一条性命。

嫁给顺治后，尽管顺治对自己非常宠爱，但孝庄却对她极尽折磨，而且折磨得不露痕迹。那种痛苦，没有宫廷生活经验的人是无法体会的。所以说，董鄂妃的一生肯定是不幸的。如果孝庄这个婆婆看自己顺眼的话，好歹一生会比较平静。但生活注定是一场悲剧，儿子早逝似乎就是一个征兆，顺治对她如火的爱情并不能挽回什么，地位的尊崇似乎也不能减少不幸。

我们相信董鄂妃一定有这样的感触：与其生活在帝王将相的家庭，不如生长在一个普通老百姓的家里，至少可以过一种平平淡淡的生活。

董鄂妃死后，顺治为她举行了盛大的葬礼，还赐死了三十多个太监和宫女，这样方便董鄂妃去阴间后还有人照顾。

董鄂妃死时年仅二十二岁，顺治死时也仅仅二十四岁。

顺治出家之谜

顺治的一生是非常复杂的，首先这个人不是一个讨人喜欢的人，其次他在政绩方面还是有许多可圈可点的地方的。

他从小生活在多尔衮的淫威之下，精神受到很大的扭曲。多尔衮去世后，顺治开始亲政，亲政之后，他与母亲的矛盾不断恶化。为了治理好国家，顺治精心研究汉文化，学习汉语言，颁布了一系列的仁政。

但说实话，在私生活中，这个人确实谈不上仁慈。他动辄处于暴怒状态，行为非常离谱乖张。当然，我们可以对顺治的遭遇表示理解，童年的不幸常常会伴随一个人的一生。虽然他的性格让人很不喜欢，但是在治国方面他还是有几把刷子的。大清国入关后最开始的十年里，他不但让经济稳定增长，而且为以后的康乾盛世奠定了基础。

总的来说，他采取的是柔性治国方针，尽量放低姿态接纳民意，同时积极开展改革。明末贪污腐败成风，顺治为了整顿吏治，针对各个部门的具体情况，制定了许多规章制度和赏罚条例。经济方面，顺治废除崇祯的许多苛捐杂税，为了加速经济的发展，他积极推行垦荒。

顺治虽然谈不上什么千古明君，但也绝对不是个昏君，他虽然对宫里人脾气暴躁，但对大臣们还是有虚怀纳谏的雅量的。譬如，户科给事中朱之弼曾经给顺治上了这样一道奏疏：

今日之病在六部，六部之病在尚书，尚书之病在推诿，推诿之病在皇上不择人、不久任、不责成效、不定赏罚。

即使任事之人，视国事如家事，犹恐废弛；今则尽如事外之人，疑事畏事之念多，任劳任怨之意少。事稍重大，则请会议；不则迁延日月，诿之行查而已；不则卸责于人，听督抚参奏而已；不则畏首畏尾，听科道指名而已；不则苟且塞责，毋庸再议而已。上下推诿，以为固然，曾有担大事、发正言，以图实济者乎？

朱之弼不光放胆直谏，甚至将一切问题的责任都推到顺治皇帝身上。换作一个昏君，不把他脑袋砍了，也要让他回家养老。顺治时年只有十八岁，非但没有生气，甚至连否认都没有，更没有为自己辩护，而是承认事实，虚心采纳意见，然后晓谕六部要整肃一新，不得懈怠。

当然，顺治在治国方面也有一些污点，比如郑成功打过来之后，他吓得要逃回辽东，被孝庄鄙视一番后，居然又说要御驾亲征。这时候，顺治已经二十二岁了，表现还这么冲动，确实有些不应该。

在私生活方面，人们对顺治的印象更差，他自负又自私，对母亲很不尊重。唯一值得称道的是他对董鄂妃很钟情。

董鄂妃去世之后，顺治万念俱灰，顿时产生了皈依宗教的思想。当时，摆在他面前的有两个选择：天主教和佛教。考虑到顺治帝和汤若望的关系，天主教本来是很有希望的。

顺治确实很尊重汤若望，他从汤若望那里学到了很多东西。在小顺治眼里，汤若望就像一部百科全书，什么天文历法、日食月食、彗星金星之类，他全懂；汤若望还经常给他讲西方的人文风俗，在天性浪漫的顺治眼里，这些知识确实非常酷。

汤若望确实是清初非常厉害的一个外国人，不要说他混到获封一品的地步，就说他所记载的一些东西，现在不少人一般都当成信史来看，正史太暧昧，野史太不可信，时人的笔记也不足为证，偏偏大家就信汤若望。

汤若望和顺治的友谊一直维持到顺治去世，虽然顺治对禅宗倾心，但内心深处一直很尊重汤若望，甚至在临死前，他还接受汤若望的谏言。这在中国历史上很少见，一位中国皇帝和一位外国神父建立起了超越利益关系的友谊，前无古人后无来者。

顺治并不是从一开始就接受佛教的，刚开始的时候他深受儒家文化影响，想以礼法和仁德治理天下，成为一代明主。对于佛教，还有几分排斥的意思。

由此可见，顺治一开始还是一个标准的儒家小青年。但是，四年后，他的人生观就发生了改变，他开始陆续召集一批高僧进京。有人认为顺治这么做可能是受了太监的影响，但不管受谁的影响，有一点可以肯定的是顺治的内心有佛缘，他的内心是不会改变的，也是不会欺骗自己的。

憨璞性聪就是顺治最早认识的一个非常有名的禅师，这位高僧是福建延平顺昌人，十五岁的时候在天王寺出家，二十五岁起开始云游。和尚云游就像政治家到处演讲一样，名声就这么打出来了，憨璞性聪每到一处都讲经说法，逐渐打造出了全国性的影响力。

顺治十三年（1657 年），顺治驾幸南海子，经过海慧寺，在那里遇见了憨璞性聪，两人进行了一番密谈。这一年十月，顺治把憨璞性聪召进宫里，问他佛法："从古至今，帝王治理天下，都是代代相传，日理万机，闲暇时间特别少。我现在对佛法非常感兴趣，想学习佛法，但时间又特别紧张，得找一个好老师学才能提高学习效率，得找谁呢？"

憨璞性聪既然是高僧，自然不会脱口而出："跟我学吧！"相反，他谦虚地说："皇上你是金轮王转世，天生有大善根有大慧根，正因为你天性有佛性，所以才相信佛法，皇上不用跟人学就能无师自通，不学自明啊！所以，皇上你不仅是一国至尊，也是佛门至尊啊！”

顺治对这位高僧的回答很满意，不久就册封他为明觉禅师。这位明觉禅师留下了一本《憨璞性聪语录》，里面不光收录了他的语录，还有一些他赠给太监的诗文，诗文中对一些太监极尽歌颂之能事。现在，我们总结这个和尚有三大绝招：佛学、马屁功夫、写诗。当这三大绝招糅合在一起的时候，绝对是必杀技，没有人能抵挡得住，所以顺治被俘虏了。

憨璞性聪博得顺治宠信之后，接连给顺治介绍了许多佛门顶尖人才，这些人才中有木陈忞、玉林通琇、茆溪森等名人。

我们得说说顺治为什么对天主教没有好感，倒是对佛教的兴趣这么浓厚。

一方面，顺治接受汉文化熏陶很深，汉文化既包括儒家文化，也包括佛教和禅宗，佛教虽然是从印度传来的，但经过上千年的本土化过程，已经演变成有中国特色的宗教了。

另一方面，顺治的一生饱经忧患，在后来的岁月里，情感受到重大打击，爱子早逝，爱妃亡故，跟母亲的关系僵得特别厉害。这些都给他的身心造成了极大的打击，所以万物皆空的佛教对他来说是一个极大的安慰。他曾经写过这样一句诗：“我本西方一衲子，因何生在帝王家？”可以想见，他心灵深处那种对人生感到无奈的感觉。

我们先来说说得道高僧玉林通琇吧！

玉林通琇是江苏江阴人，俗姓杨，出身于名门望族。从小生长在一个笃信佛教的家庭里，也是很有个性的人，十八岁成年的时候，他不考科举，居然跑到磬山寺当和尚。当和尚也不是一件容易的事，和尚也有能力高低之分。不久，他就换了个好一些的寺庙，浙江湖州报恩寺，在这里待了几年，二十三岁的时候就当上了寺庙住持。升迁速度之快，实为佛门所罕见。据说他是一个风格非常严峻的人，很受佛门弟子的好评。

顺治十四年（1658年）的时候，玉林通琇已经是佛门中的一个高僧了。憨璞性聪一推荐他，就引起了顺治的重视，顺治派人召他进宫。他居然摆出名士风范，拒绝了。后来，顺治帝再三邀请，他才勉强决定赴京。中途到了天津后，玉林通琇又打算不去了，准备在天津饿死算了。为啥？因为他对明朝有浓厚的感情，不愿意见清朝的皇帝。可是，皇帝不请到他誓不罢休，一直拖到第二年二月十五日，他才进京见了顺治皇帝。

进京之后，事实再一次证明玉林通琇对于顺治的问题对答如流，言语处处藏着机锋，回答得不仅有佛理还有哲理。顺治当时就佩服得五体投地，将他留在京城，时常向他请教佛理。还问他可不可以为自己取个法号，玉林通琇给他提供了十几个字，让皇帝自己选：“最好用丑一些的字眼。”最后，顺治自己挑选了行痴两个字，在玉林通琇面前自称弟子。顺治封他这个师父为大觉禅师，后来晋升为大觉普济禅师，最后加封为大觉普济能仁国师。从一个和尚混到国师，我们再一次对玉林通琇的能力表示钦佩。

有一次顺治问玉林通琇：“悟道之人还能有喜怒哀乐吗？”

玉林通琇回答：“什么是喜怒哀乐？”

顺治一听，高明啊，师父不愧是师父，境界非同一般。

玉林通琇又说：“不要说喜怒哀乐了，就是江河大地都是因为妄念而生，只要没有妄念，连江河大地都不存在。你说人做梦发生的事情，是有还是无？”

顺治一听，恍然大悟，人生就好比一场梦，虽然在梦里觉得很真实，其实一旦大彻大悟，就发现那一切只是一场空。想通了以后，顺治神情变得愉悦，忽然有种解脱之感，心中对这位国师也越来越尊重。

玉林通琇看摆平了顺治，便提出离开京城。顺治挽留不住。玉林通琇第二次进京的时候正值董鄂妃去世，是顺治心如死灰的时候。这时候，发生了一件事情，也就是顺治出家。

讲到顺治出家，得介绍一个人，茆溪森。

茆溪森是玉林通琇的弟子，根据佛门的规矩，可以算是顺治的师哥了。董鄂妃去世之后，茆溪森一直陪伴着顺治。顺治悲哀之余，想要落发为僧，他要求茆溪森为自己剃度。茆溪森是一个非常单纯的和尚，对宫廷中错综复杂的关系不了解。皇上要求他剃度，他想也没想，剃度就剃度，师弟既然开口，哪能不帮忙。就这样，茆溪森在万善殿为顺治皇帝落发。

这个消息一传出，宫廷里炸开了锅。皇上一剃度，接下来就是要举行皈依大典出家。首先愤怒的是孝庄，她不仅对顺治很愤怒，更吃惊于茆溪森的胆大包天，竟然为皇上干这种事情，你这不是要毁我大清江山吗？孝庄心里很清楚，自己这个不听话的儿子一旦想干什么事情，连牛车都拉不回。怎么办呢？出面阻止可能让情况更糟糕，孝庄不愧是孝庄，她知道这时候唯一能影响顺治决定的就是玉林通琇了。所以她让人快马加鞭去湖州召玉林通琇进宫。

听说了这件事，玉林通琇知道徒儿茆溪森闯下了大祸，他一路上大骂茆溪森脑子少根筋。为了阻止顺治出家，他进宫之后，立即将茆溪森捆起来，然后在殿外搭起高台，准备将茆溪森就地火化。玉林通琇当然不是真要置徒儿于死地，这位和尚是个有大智慧的人。果然，不多久，顺治就赶过来了，连忙答应不出家，让他赶快放了茆溪森。顺治出家，再次演变为一场闹剧，就像上次御驾亲征一样。

当然，对顺治影响最大的还是名僧木陈忞。木陈忞是广东人，出生于知识分子家庭。在崇祯十五年（1642 年）就当上了宁波天童寺的住持，木陈忞俗姓林，从小就非常聪明，博览群书。长大后更是一个多才多艺的人，琴棋书画样样精通，他进宫后住在西苑一带，伴随皇帝达九个月之久。

木陈忞也是一个善于察言观色的人，对于皇帝的喜好非常了解。顺治跟他坦诚相待，经常让他不要把自己当成皇帝，当成佛门弟子就行了。

木陈忞这个人以前对明朝感情非常深，在清兵入关后，他冒着断头的危险写下了怀念故国的诗文集《新蒲绿》，对清朝表现出了极大的愤慨和不满。当他跟顺治朝夕相处九个月后，有些人接受不了，写诗讽刺他："从今不哭新蒲绿，一任煤山花鸟愁。"

顺治对木陈忞非常尊重和器重，封他为弘觉禅师，视他为老师。平时，木陈忞除了与顺治讨论禅学之外，两人还畅谈古今人物，对历史发表评论。木陈忞不仅对历史了如指掌，而且文学上很有造诣，可以说，经史子集他样样都熟悉。同时，木陈忞拍马屁的功夫也是一流的，拍得不着痕迹，浑然天成。

他经常夸皇帝虚怀好学，能够通晓天下百姓的喜怒哀乐，还说顺治天生就有慧根。顺治对他非常掏心，连自己身上的弱点都告诉了他。木陈忞把这些都写进了诗文中，但正因此雍正对他非常反感，因为他泄露了皇家隐私。雍正上台之后，给木陈忞安了个宗门罪人的罪名，打压木陈忞这一支佛门宗派。

应该说，顺治还是不错的，他以一个皇帝的身份信仰佛教，但没有媚佛佞佛，大修寺庙什么的，所以说，顺治是个好皇帝。

纵观顺治后来的日子，他虽然出家未遂，但确实是真心向往佛教。身为一个皇帝，未能选择真正出家，这对顺治来说是一个极大的遗憾。为了弥补这种遗憾，他让太监吴良辅替自己出家，也算是完成最后岁月里最大的心愿。

顺治之死

我们来说说吴良辅这个人吧，能够替皇上出家，这种人跟皇上的关系那可是非同一般。吴良辅从小跟皇帝一起长大，既是顺治的奴才，又是顺治的伙伴。吴良辅并不是一个安分守己的太监，由于顺治的信任，他很早就开始弄权，徇私舞弊贪污受贿。顺治对此也是知道的，但他为了袒护吴良辅，公然置自己制定的法律于不顾。

顺治死后，在孝庄太后的授意下，康熙帝处死了吴良辅。

顺治十八年（1661 年）正月，顺治突然宣布不早朝，并免掉诸王和大臣们在节假日向自己问候行礼的礼节。这在注重礼法的封建社会是非常反常的一种行为，顺治帝到底出了什么问题呢？

第二天，据《清实录》记载，这天“上不豫”，皇上身体不舒服。尽管身体不舒服，顺治皇帝还是移驾到宣武门西南的悯忠寺，在这里督令工匠搭建戒坛，因为这一天正是吴良辅代他落发出家的日子。

从悯忠寺回来后，顺治就感到很不舒服。《清实录》对于顺治之死，记录得非常简单。清朝有两个皇帝的死亡记录非常简单，就是皇太极和顺治这父子俩。我们发现这父子俩有一个共同点，那就是他们死后，直接掌权的人跟他们关系不好。皇太极死后，最有权势的人是多尔衮。顺治死后，最有权势的人是谁呢？

不是康熙，是孝庄。

《清实录》中记载："上大渐（皇上进入弥留状态）。遣内大臣苏克萨哈传谕：'京城内除十恶死罪之外，其余死罪及各项罪犯，悉行释放。'"

"丁巳（二月五日）夜子刻（午夜十二点左右），上崩于养心殿。遗诏颁于天下。"

史书的记载就这么简单，从顺治皇帝感觉身体不舒服到死亡前后不到五天的时间。史书中丝毫没提到皇帝到底生了什么病，是怎么死的，有没有给予什么治疗。

在顺治从染病到死亡这短短五天的时间内，从史书上我们是看不出什么波澜来的，但我们可以猜想其中的暗涌绝对是非常不平静的，因为这关系到大清的未来。

《清实录》虽然没有记载这段时间宫廷里的明争暗斗，但我们依然可以从时人的记载中了解到事情的真实情况。

董鄂妃死后，顺治帝形容枯槁、心如死灰。虽然他是全国权力最大的一个人，但觉得生活已经没意思，想遁入空门，结果连这点小小的心愿都完成不了。不过，让吴良辅代为出家之后，他总算是觉得完成了一桩心愿。

从悯忠寺回来后，顺治就病倒了。顺治不是抑郁而死，而是患上了天花。天花在当时是个极其恐怖的疾病，死亡率很高。不过，如果患者没死的话，以后就不用担心再患天花了，只是脸上会留下标记：麻子。

谈迁在《北游录》里曾经记载过“驱疹”：

> 满人不出疹，自入长安（北京）多出疹而殆，始谓汉人之染也。于是民间以疹闻，立逐出都城二十里。而都城外俱满洲赐庄，彼窭人子（穷人）安所适乎？多茹泪弃婴道侧，或恋一室，不能单外，至毙其子女，见闻交痛。……疹家报兵司马，即引绳度邻右八十步，绳以内，官吏俱不许入，都民始安。乙未（顺治十二年）春，仍逐痘如前，以驾（皇帝）在南海子（南苑），遂禁人南出。

谈迁这段话介绍了当时驱疹的过程，当时的看法是满人不出疹，入关之后才开始出疹，出疹的人中大都死了，满人认为是被汉人传染的。

承德避暑山庄不仅是一个避暑的地方，也是一个避痘的地方。清人对于避痘是非常重视的，康熙小时候就为了避痘，被保姆带到关外，但还是出疹了。

当时有一个文学侍臣详细记载了顺治驾崩的情景，这个人名叫张名宸，顺治驾崩后，他亲自参与守制尽忠活动，长达二十七天。

根据张名宸的记载，正月初二，顺治驾临悯忠寺，观看吴良辅落发为僧。初四，九卿大臣向顺治问安，发现顺治不舒服。初五，大臣们又问安，看到宫殿各门上的门神和对联全部去掉了。初七，释放监狱里的犯人，本来人满为患的囚室里突然空空如也。后来，传圣旨于民间，禁止炒豆，禁止燃灯，禁止泼水（民间避痘的习俗），大家才知道原来皇上生病是因为出痘。初八，各衙门的官员们洗漱完毕后，穿好朝服准备去上朝，突然传来公文说，除了中堂和礼部，其他官员都可以回家了。中堂和礼部官员进宫必须摘掉顶戴，当时张名宸大惊，他知道按照惯例，肯定是皇帝驾崩了。根据张名宸的描述，他当时很震撼很悲哀，皇上才二十四岁，就突然离世，太让人伤心了……当时，城门全部紧闭，士卒们在城楼上戒严，街道寂寥，没有行人，气氛非常阴暗。到了二鼓，才宣布遗诏，当时凄风飒飒，黑云惨淡，气氛非常压抑。

另据《汤若望传》记载，在继承人问题上，顺治与孝庄及文武大臣发生了冲突：

一位继位的皇子尚未诏封，皇太后立促皇帝作这件事。皇帝想到了一位从兄弟，但是皇太后和亲王们都是愿意皇帝由皇子中选择一位继承者。皇帝使人问汤若望的意见，汤若望完全立于皇太后的一面，认为被皇太后选择的一位太子为最合适的继位者。这样，皇帝最后受到汤若望的劝促，舍去了一位年龄较长的皇子，而封一位庶出的、还不到七岁的皇子为帝位继承者。

我们都知道这位继承者就是康熙，康熙之所以能继位有很大一部分考量，就是因为他患过天花。

从这些记载中，我们大概可以了解到，顺治帝在得知自己患有天花后，急召亲王大臣们入宫讨论继承人问题。在继承人问题上，顺治坚持要从堂兄弟中选择一个。这就让人非常费解，他放着四个儿子不立，为什么要选择堂兄弟呢？有人推测，他这是为了发泄对皇太后的不满。其次，在摄政人选上，顺治一改祖宗旧制，拒绝从皇室诸王中挑选，这无疑是对多尔衮当年独裁专政的一种反抗。

孝庄得知顺治的意图后，让苏麻喇姑请汤若望到慈宁宫一趟。顺治这些年虽然一头扎进佛教，但是对汤若望一直非常尊重，他们之间保持着真挚的友谊。孝庄相信，汤若望一定能圆满完成这个任务。

顺治见到汤若望后，让他坐在御榻上，问他对继承人有什么看法。汤若望是个非常直率的人，有啥说啥，他明确地表示不赞同立堂兄弟。因为这么做不仅违反祖制，而且容易引起争执，对清朝和国家都不利。

顺治沉默了，良久才问道："四个皇子年龄都很小，你说应该选谁？"

汤若望重复曾经对孝庄说过的话："长幼不是关键，最关键的是选一个已经出痘的皇子。"

顺治当时的儿子中，最大的是福全，八岁；其次是玄烨，七岁；至于陈氏生的常宁，只有三岁；钮氏生的隆禧，更小，只有两岁。头脑稍微正常的人就会把目标锁定在福全和玄烨身上，这两人中，玄烨是出过痘的，而福全没有。

说实话，顺治给这四个皇子的父爱那是少得可怜的，当汤若望提到福全和玄烨时，估计顺治还要在脑子里搜索他们长啥样。无论谁继承皇位，对顺治来说都无所谓。

初六的晚上，顺治感到病情加重，急召近臣学士王熙进宫，让他草拟遗诏。

正是寒冬深夜，宫中阴风阵阵，几个太监手提着宫灯，在黑夜中闪烁。王熙跟在后面，感觉仿佛能够听到鬼哭声。进入养心殿后，王熙跪拜，顺治强打着精神说："我患痘了，恐怕时间不长了，你赶快听我的话，记下诏书内容。"

此时此景，心肠再硬的人也免不了动容，王熙也不例外。不过他心里还在琢磨另外一件事，如果皇上诏书的内容跟太后的想法有矛盾，那该怎么办呢？

皇上一边说，王熙一边记，心里却想将来如何把皇上诏书的内容转述给太后。王熙退下后，又在乾清门的书房里三次修改诏书。到了第二天，把诏书呈给皇帝时，顺治正在更衣，当时非常疲惫，没说要看诏书，只让王熙把诏书交给麻勒吉。麻勒吉是满洲正黄旗人，汉文化功底比当时许多汉人大学士还厉害。

当天晚上子时，顺治帝崩逝于养心殿。

顺治英年早逝不免让人觉得遗憾，有一个叫吴伟业的文学家写了一首长诗，暗示顺治皇帝并没有死，只是出家去了。

后来，金庸在《鹿鼎记》里采用了这种说法。

吴伟业是何许人也？吴伟业号梅村，江苏昆山人，是明末清初著名的文学家。他和钱谦益、龚鼎孳并称“江左三大家”，独自开创了“梅村体”诗歌。明亡之后，吴伟业为了保持名节，一直对清政府采取不合作的消极抵抗姿态。

顺治十年（1654 年）的时候，清朝廷再三请他出山，入朝为官。吴伟业虽然很不愿意，但面对父母二老的请求，也只好勉为其难。入朝后，吴伟业做到国子监祭酒这个职位。在朝中待了四年，他便告老还乡。吴伟业在晚年，对于这段经历深感耻辱，认为侍奉清朝这四年“误尽平生”。

吴伟业死后让人在自己坟墓上题：诗人吴梅村之墓。这位大诗人被认为深得白居易遗风，是一代叙事诗高手。他曾写过一首《清凉山赞佛诗》，这是一首叙事性的长诗，确实很长，比《长恨歌》还长。诗人最喜欢说一些语带双关，含有弦外之音的话。其中有这样的诗句“可怜千里草，萎落无颜色”，大家认为这讲的是董鄂妃之死，董字拆开就是千里草。诗中的“南望苍野坟，掩面添凄恻”讲的是顺治与董鄂妃生的皇四子早夭之事。至于“房星竟未动，天降白玉棺。惜哉善财洞，未得夸迎銮”，仿佛是说顺治并没死；“尝闻穆天子，六飞骋万里”——当时人认为这话很明显是说顺治到“西天”出家了。吴梅村因为在清朝当过官，跟皇帝比较接近，而且他又是一个见多识广的人，所以很多人相信他说的，顺治没有死，而是出家了。

也有人根据顺治的遗诏断言顺治没死，而是出家了。人们很难想象一个将死之人怎么可能思维这么有条理、语气这么淡定，从国家大事到个人私事，侃侃而谈。顺治的那份罪己诏书更像是生前长时间拟成的，不像是临死的时候突发奇想的。王熙在记录诏书之后，作了三次修改，这也是很不寻常的。

像王熙这么特别的人，当时肯定有很多人围着他问："皇帝临死前跟你说什么了？说来大家听听啊……"

王熙终生没有把皇帝跟自己的谈话告诉别人，连他的子孙和弟子都不知道。捂得越紧，别人就越怀疑。也许是真的什么事都没有，但你捂住了，难免让人想起"此地无银三百两"这句话。

康熙当上皇帝后，几次奉皇祖母孝庄的命令上五台山，也就是清凉山。这不免让多事的人怀疑是不是顺治没有死，而是在五台山出家。如果顺治不在五台山出家，康熙为什么几次去五台山呢？游山玩水，观赏佛教建筑一次也就够了。何况天下之大，寺庙何其多，为何偏偏就喜欢五台山？

怀疑归怀疑，想象归想象，这些东西并不能成为顺治出家未死的证据。因为有太多当事人回忆顺治临死前的情景，我们就不用别人的记录作证据，还是用老汤的话吧！

汤若望记载顺治临死的情景：

如同一切满洲人一般，顺治对于痘症有一种极大的恐惧，因为这在成人差不多也总是要伤命的。在宫中特为侍奉痘神娘娘，是另设有庙坛的。或许是因他对于这种病症的恐惧，而竟使他真正传染上了这种病症。在这个消息传出宫外之后，汤若望立即亲赴宫中，流着眼泪，请求允许他觐见万岁……顺治病倒三日之后，于一六六一年二月五日到六日之间夜间驾崩，享寿还未满二十三岁。

汤若望的中文没法跟吴梅村比，这个我们别介意，他说顺治死了应该是不会撒谎的。至于文中说顺治未满二十三岁，那是计算方式的不同，我们把顺治在娘肚子里的时间也算进去了。

顺治死前留下一份罪己诏，诏书里全是骂自己，口气很像是站在孝庄的立场上，所以很多人怀疑这份诏书“被修改了”。诏书中总共列举了自己十四条罪状：

一、在用人和管理方面没有效法祖先努尔哈赤和皇太极，改变了不少满族的淳朴旧制，结果导致国家没有治理好，老百姓没生活好（以致国治未臻，民生未遂）。

二、没能报答圣母布木布泰的养育之恩，于孝道有亏。

三、在母亲之前离世，反而让母亲哀痛。

四、跟宗室诸王贝勒们接触太少，给他们颁恩不多，导致关系疏远。

五、满洲八旗大臣，世代尽忠，竟不相信他们，反而相信和重用汉族大臣，导致满族大臣精神懈怠，没有心情工作。

六、个性好高骛远，不能虚怀若谷接受别人的意见，很多有用人才未被重用。

七、对一些不法大臣纵容姑息，明知他们有问题，还用他们。

八、国家财政负担很重，兵饷不足，宫中又奢靡浪费，“厚己薄人，益上损下”。

九、在建造宫殿和器物方面，务必要求精益求精，但是在治国方面却没有这种精神，不知道自我反省，不体察老百姓的辛苦。

十、不知道用礼仪克制感情，董鄂妃的丧礼办得过分隆重。

十一、仿照明朝设立太监的十三衙门，明知有弊端，还不以为鉴。

十二、自己性情贪图安逸和闲静，和大臣们接触得少，导致上面和下面感情沟通不畅。

十三、自以为自己很聪明，听不进别人的劝告。

十四、明知道自己有错，还不及时反省，导致错误越来越严重。

在遗诏的后面，顺治点名让玄烨继位，命索尼、苏克萨哈、遏必隆、鳌拜四人为辅政大臣。遗诏显然经过修改，顺治重用汉臣取得很大成就，显然不会以此自责。为董鄂妃，甚至连江山都不要，更不会自责说丧礼办得太过隆重。

顺治这个遗诏让人看起来感觉有些怪，历朝历代如果国家遇上天灾人祸，时局大乱之时，皇帝会下罪己诏。这么做既是向老天认错悔罪祈求保佑，又是向黎民百姓表示皇帝认错了，你们也该体谅体谅他吧！但是像顺治这样罪己诏的却是从未有过，这不是罪己，这完全是作践自己。不管自己做了好事坏事，一律说成是坏事，而且把痛骂自己的话赤裸裸地写进诏书里。我们知道，顺治是一个个性很强的人，当了皇帝后，做了不少好事。他之所以能够取得那么大的成就，和重用汉人有关，现在反而说自己重用汉人重用错了，这不是荒唐吗?

好了，最后我们可以来评价顺治的一生了，我们不必说他是一个多好的皇帝，也不必说他是多么可悲的一个人。我们只需记住一点，为了追求自我，人是要付出代价的，而且很不讨人喜欢。

第十章　顺治朝的文化管控

历史已经证明，一个政权的稳固光靠武力是无法长久的。从某种意义上来说，文化可以是统治的工具。清政府一方面吸收汉民族文化，加强专制统治；另一方面对汉文化保持着高度的警惕，担心文化的劣势最后转变成政治的劣势。所以，他们对于文化和文字的监控比以往朝代都要敏感。

僧函可案

清朝是中国文字狱比较严酷的一个朝代。在我们的印象里，清朝统治者并不昏庸，为什么文字狱会严酷呢？

这个问题，我们不能从皇帝自身的修养来考虑，得看清朝这个政权的源起。满族是一个少数民族，它通过武力入主中原，虽然掌握了暴力和强权，但是文化上并不具备优势。自从清朝入主中原，它的文化必然受到汉族文化的融合与影响。

历史已经证明，一个政权的稳固光靠武力是无法长久的。从某种意义上来说，文化可以是统治的工具。清政府一方面吸收汉民族文化，加强专制统治；另一方面对汉文化保持着高度的警惕，担心文化的劣势最后转变成政治的劣势。所以，他们对于文化和文字的监控比以往朝代都要敏感。

顺治算得上一个非常开明的皇帝，但是在顺治朝还是出现了震惊国内的文字狱案——庄廷鑨《明史》案。我们先说说一起案子——僧函可案。

顺治四年（1647 年）十月的一个大热天，南京城外突然来了一个眉清目秀的僧人，该僧人举止很有风范，一看就知道是有来历的。这个僧人虽然一看就知道不是一个俗人，但是他神情非常紧张，手里紧紧抓着一个小布包，布包被他手心的汗水浸湿。

这僧人心理素质显然不是很好，立即引起守城士兵的注意。对士兵的吆喝和搜查，僧人感觉特别慌张，哆哆嗦嗦地从衣服里掏出一块通行令牌，希望士兵能够直接放行。士兵把令牌交给值班的军官。

出乎这个僧人的意料之外，八旗军官居然把令牌扔在地上，喝令士兵盘查。士兵们毫不客气，从僧人手上抢过包裹，慌乱之中，包裹掉在地上。从里面滑出一部手稿和一封信，僧人大惊，但很快就淡定了，一副任你千刀万剐的姿态。

八旗官兵见这个僧人目中无人，将他押到牢里。几天后，顺治收到洪承畴的一封奏疏，洪承畴解释说：“这个僧人名叫函可，是我以前会试的老师，原明朝礼部尚书韩日缵的儿子，已经出家多年。顺治二年（1645年）正月，他从广东到江宁印刷藏经，正好碰上我们大军平定江南，受阻未归，困在省城。我在江南，从来没有跟他见过面。他来到广东后，托人向我要了一块令牌；出于故人情谊，我给了他一块，但是对他约束很严。在出城盘验的时候，他不小心把身上的东西掉了出来，里面有一封福王写给阮大铖的信，还有一本他自己写的书，里面有一些应该避讳的词语，函可不愿烧掉这些东西，现在咎由自取——这些我事前并不知情。我跟他本来有交情，按理不该为他说话，但事已至此，也得向上面解释清楚，此事跟其他人没有关系。”

函可是明末典型的遗民，他眼看山河破碎，既不能救国救民，又不屑投降，于是选择了出家。出家之后，他依然心系国事。得知南京拥立弘光政权后，函可毅然离开寺庙，来到南京。不过，在南京待了一段时间，他就感到很失望，弘光政权实在是太腐朽了，复国的梦想再次成为泡影。函可目睹弘光政权的腐败，并将这段经历写进自己的书《变记》中。

当时审判函可的是八旗官员昂邦章京巴山，他对函可严刑逼供，并想借着这个案子扳倒洪承畴。函可在审讯的过程中多次被打得昏迷，不过他始终没有屈服，坚持此事跟其他人没有关系，只是自己一个人的事。

之后，函可被押往京城，考虑到洪承畴牵涉其中，再加上这时清廷需要利用洪承畴，多尔衮没有进一步深究，选择了对其从轻发落，将函可发配到沈阳，洪承畴则没有受到任何惩处。

因为清初的特殊形势，函可案得益于洪承畴的保护，最终大事化小小事化了。函可在顺治十六年（1659 年）病逝，函可案虽然没有扩大化，但开启了清朝加强文化监控的先河。

科场案

顺治十四年（1657 年）正月十五日，顺治皇帝颁布谕旨，宣布废除科举中投拜门生的陋习。

顺治为什么要颁布这项谕旨呢？说来，跟一场科场舞弊案有关系。

这一年，天灾人祸特别多，四川一带频发地震。京城好几个月都没有降雨，旱情非常严重。封建时代，皇帝自称为天子，天灾意味着老天对你的统治不满。顺治是一个好皇帝，面对天灾，第一反应就是自我检讨。除此之外，顺治还命大臣们，对于监狱里的犯人一定要认真审理，不要出现冤假错案。

顺治的这些做法并没能减少灾情，相反，灾情越来越严重。六月，杭州、嘉定、湖州、南京、绍兴等南方城市遭到了特大暴雨袭击，无数城郭被毁，不少人畜在大洪水中被淹死。不久，江南的一些城池也遭遇了暴雨。九月，北京又发生了地震。

老天突然之间降下了这么多灾难，让顺治帝非常惊慌：是不是我什么地方做错了？

然而，这还只是天灾，这一年，人祸也不少。

十月二十五日，顺天科场舞弊案被人揭发。

顺天乡试考场，有乡试生员四千人，贡监生一千七百多人，录取名额只有二百零六人。在当时人眼里，这个录取比例是非常低的。

这次乡试的主考官是曹本荣、宋之绳等人。僧多粥少，很多人就想到了走后门，清末走后门是司空见惯的事情，但当时还没那么普及。顺治帝也没有完全适应走后门这种习俗，所以才有震怒的感觉。结果，有钱有地位的人大肆送礼，趁机结交一些官场要人。

榜单出来之后，大家一看，明白了：潜规则。高干子弟必中，富家子次之，穷人极少，或者干脆没有。榜单发布之后，一片哗然。许多考生不服，纷纷喊冤。

这事传到顺治耳朵里，令他勃然大怒，要求吏部和都察院对此事追查到底。

案子一查，揪出了一大堆人。一些证据确凿的行贿学生立即享受到斩首的待遇，而且家产籍没，家人被发配到边远地区。

几个主考官先放在一边，待会儿再审。这个科场案非常不公平的是，顺治并没有将考官斩首，只是贬官。这是不公平的，但是他解决问题的态度还是值得肯定的。顺治亲自主持复试，由此可见他对教育的重视，最终顺治选择了一批有真才实学的人。

顺天科场案刚刚平息，又出现了江南科场舞弊案。

顺治十四年（1657 年）十一月二十五日，江南科场案被人捅了出来。江南科场案作弊者更多，榜单公布后考生一片哗然。主考官离开之时，一些考生跟在后面大骂，甚至有人向主考官扔石头。许多学子写诗讽刺主考官方犹和钱开宗，有的才子不惜撰写传奇，揭露考场内幕，这些诗文很快就流传到京城，惊动了顺治皇帝。

工科给事中阴应节上奏："江南考场上，舞弊太多，发榜后士卒愤愤不平，不少人在文庙前哭泣，有的还殴打考官，议论纷纷……"

顺治帝立即将考官方犹和钱开宗革职，押到京城审问。对于江南的举人，顺治帝亲自在西苑瀛台主持复试。在复试中有十四个文理不通者被革去举人，在这些文理不通者中，居然有著名诗人吴兆骞。吴兆骞绝对是一个才子，他通过乡试确实是凭着真才实学。那为什么顺治帝认为他文理不通呢？说来，也是这个才子心理素质不行，在皇帝面前他非常紧张，发挥失常，连话都说不清楚，自然文理不通了。

心理素质不好常常会吃闷亏，吴兆骞因为发挥失常，顺治帝误认为他是通过作弊过关的，将他流放到宁古塔。直到康熙二十年（1691 年），吴兆骞才被赦免，重新回到京城。

顺治帝对江南科场案进行了严厉的查处，主考官方犹、钱开宗被判斩立决，其他十五名考官也被处以绞刑，家产充公，妻子儿女没入奴籍。一些作弊的举人被重打四十大板，没收家产，并和家人一起流放到宁古塔。

顺治对科场案非常重视，重视科举制度的公平性，不光是维护皇权，也是维护广大下层人民的利益。一旦科举腐败，草根阶层想要向上流通实在太难了。顺治的处罚虽然重了点，但他的做法无疑是深得人心的。

顺治非常明白，科举关系到吏治，而吏治决定国家的兴亡。基于这样一种思想，顺治多次借科场作弊案告诫文武百官，一定不要徇私舞弊，否则有损国家。为了确保科场的公平性，顺治多次修改科场条例。

尽管顺治一厢情愿要杜绝科场舞弊，但是面对利益的诱惑，严刑峻法从来都是无力的。科场黑暗一直伴随着清朝的灭亡。

奏销案

顺治十六年（1659 年），酷吏朱国治就任江宁巡抚。朱国治既是一个酷吏，又是一个贪官。他上任后，立即风风火火开始清查积欠的赋粮。第二年，朱国治在嘉定捉拿了几十名欠粮的乡绅。又过了一年，朱国治写好了一个名单，这个名单上一共有 13517 人，全部是“逃税分子”；此外，朱国治还提交了 254 名衙役名单，说这些人要么办事不力，要么跟地方勾结，朱国治主张从严处置。

也许我们会觉得朱国治这个人真不错，办事非常有效率。客观地说，这个人绝对是有办事能力的，否则顺治皇帝也不会派他去。

朱国治办事固然有效率，但是效率太高不免也会让人起疑。事实上，在朱国治的名册中，确实有一些“逃税避税”的土豪劣绅，但还有一些是已经交了赋粮，地方府衙忘了注销的。像这种别人已经补交了的，你忘了注销，现在又来问别人要钱要粮，这是多冤的事啊。名单中还有一部分人没有欠粮，但是因为得罪了小吏，小吏故意写他欠了。总之，里面的问题非常复杂，如果不去细细侦查，肯定会制造冤假错案。

朱国治把名单递上去后，朝廷不分青红皂白，下令不问官职大小，不管欠了多少，一律革职查办。这件案子在清初引起了强烈的反应，也就是名噪一时的奏销案。

探花叶方蔼因为欠赋一厘而被革职，所以民间流传有“探花不值一文钱”的说法。清廷这么严厉地对待奏销案，有一个最重要的原因就是借机打击江南缙绅阶层，江南地区是反清最为激烈的地区。清军当政之后，蓄意打击江南也是可以理解的。

朝廷开始放话，把这些欠粮分子全部押解到北京。这个命令一出，江南人心惶惶，达到了朝廷想要的效果。接着朝廷又放宽命令，限定到某某日子，如果能够完成纳粮可以免于提解。这命令一发出，大家赶快筹银子筹粮，实在没钱的可以借贷。当时，唯一借贷的地方是清兵军营，俗称借营债，利息相当高。许多人因为借贷搞得倾家荡产。

所以，我们大可怀疑，所谓的奏销案很可能是清廷蓄意打击江南大户人家的一个阴谋。在奏销案中，许多明代的世家破产，成为平民百姓，有的世家子弟从此和科举无缘。一些被褫夺功名的读书人更是前途尽毁，对人生感到绝望。

前面说到的那个江南探花叶方蔼，就是被冤枉的，作为一个探花，他不至于穷到交不起一厘银子的税吧，事实上他是被人陷害的。直到康熙铲除鳌拜后，才给叶方蔼平反，将他重新召到宫中。

哭庙案

说起哭庙案，不能不提明末清初的大才子金圣叹。

金圣叹是钱谦益的外甥，明亡后改名金人瑞，同舅父一样，金圣叹也是个闻名于世的大才子，与舅父不同的是，他非常注重气节。其为人固然狂放不羁，品行却高洁不可辱。

有一次钱谦益过生日，金圣叹迫于母命，不得不给钱谦益写祝寿词，结果金圣叹送给钱谦益一副对联："一个文官小花脸，三朝元老大奸臣。"

金圣叹的性格由此可见一斑，时人多认为金圣叹是一奇才，他的主要文学成就并不在创作方面，而是在文学批评这块。他对《水浒传》《西厢记》等书的评点堪称批评典范。

顺治十八年（1661 年）初，顺治帝驾崩，根据礼制，皇帝死后，全国人民都要默哀。消息传到苏州，苏州巡抚朱国治立即组织各级官府设堂哭灵。苏州的文庙里设有灵堂，老百姓可以在这里哀悼。

对死人的怀念往往可以变成对活人的痛恨。

三月四日，金圣叹、倪用宾等人率领一百多名儒生在文庙里哭灵，哭着哭着，大家跑偏了主题，开始咒骂县官任维初。金圣叹草拟了一份哀悼顺治皇帝的哭庙文，亲手击鼓，许多百姓前来观看。接着，这些读书人就跟大家说如果不弹劾贪赃枉法的任维初，大家以后就没有好日子过了。

秀才们带着群众来到苏州府衙门口，江苏巡抚朱国治、按臣张凤起、道臣王纪等地方高官都在衙门里。秀才们跪着进衙门哭顺治，门外的群众有上千人，群众的情绪很强烈。朱国治担心群众发生暴动，很紧张，便让衙役逮捕带头的人。抓捕了十一人后，群众一哄而散。

事实上，哭庙案可以算作奏销案的余波。朱国治来到江南后，不顾苏州许多地方出现灾荒，强行催逼钱粮，老百姓称他为“朱白地”，意思是他所到之处，都要被搜刮，只留下一片空白的土地。顺治十八年（1661 年），任维初出任吴县知县，他来了以后，秉承朱国治的风格，不惜用一切手段催逼钱粮，有一些人在他的大刑之下死去。

如果任维初是依法办事的话，最多只能让人痛骂一句：

“太残忍，毫无人性。”关键是任维初并不是张汤那样的酷吏，他一边对老百姓用刑，一边将粮仓中的粮中饱私囊，然后又公然把这些粮食转卖给老百姓。正好，吴县的人民借着为顺治哭丧的机会，痛斥任维初。

朱国治歪曲事实，给顺治皇帝上了一道奏疏，痛斥哭庙秀才的三大罪状：一、鸣钟击鼓，号哭抗粮，震惊了先帝的灵位；二、目无朝廷；三、擅写匿名揭帖，触犯了大清律令。

三月二十一日，清廷派出满洲官员郎叶尼到江宁会审。江宁会审一开始，朱国治又将同情和支持哭庙行动的书生顾予咸、程翼苍、朱嘉遇、薛尔长等九人也株连在内，程翼苍又供出了金圣叹和丁子伟。

奇怪的是，金圣叹被牵连后，突然就变成了案子的主犯，受到严刑拷打。案子审讯下来的结果是，哭庙中的十八个秀才被全部处斩。临刑之前，金圣叹一边喝酒一边笑道：“割头，痛事也；饮酒，快事也；割头而先饮酒，痛快痛快！”

金圣叹是一个幽默大师，据说在监狱里等着杀头的时候，他把狱卒叫来，说有要事相告。狱卒久仰金圣叹的大名，以为大师有什么天大的秘密要告诉自己，便拿起笔墨等着金圣叹写下来。金圣叹指着狱卒给他的饭菜说：“花生米与豆干同嚼，大有核桃之味。得此一技传矣，死而无憾也！”狱卒顿时觉得这位大师真的很幽默。

据说金圣叹有两个儿子，行刑之前，两个儿子望着即将被杀头的父亲，泪流满面。金圣叹对他们说：“哭有何益，不如我给你们出个对联吧！”

虽然马上被砍头，金圣叹依旧从容不迫，文思敏捷，他说出上联：“莲子心中苦。”

两个儿子哪有心思对对联啊，金圣叹看着他们黯然神伤的样子，说道：“好了，别难过了，我帮你们对下联吧：梨儿腹中酸！”

“莲”与“怜”同音，“梨”与“离”同音，行将就戮的金圣叹仍然才华横溢，如此淡定，这样的境界确实让人佩服，不禁让人想起了阿基米德。

至于酷吏朱国治，下场更惨。奏销案和哭庙案之后，朱国治自知做得太过分，老百姓对自己恨之入骨。后来，他家中有丧事，按理要回家守丧。朱国治很担心失去权力后会遭到报复，在新任巡抚还没有到来之前，他就提前离开。结果这事被言官参了一本，说他擅离职守，朝廷将他革职。几年后，朱国治才复出，到云南做官，刚巧碰上吴三桂反清，朱国治牵连其中，因克扣军饷被将士们烹杀，尸骨无存。

庄氏史狱

明末清初，很流行民间修史。当时，明朝已亡，政局不稳，本来应由官方史书承载的任务落到了民间史学家的头上。庄廷鑨的《明史辑略》就是在这样的背景下出炉的。

其实，《明史辑略》的原作者并不是庄廷鑨，虽然这本书确实是由庄廷鑨出钱出力编纂的，但最早的作者是前明大学士朱国桢。

朱国桢，浙江人，万历年间进士。天启年，朱国桢当上礼部尚书兼文渊阁大学士，级别已经相当于宰相。所谓树大招风，高位没待多久，奸党就弹劾他。于是朱国桢决定告老还乡，不理明朝中纷争。

回家之后没事干，朱国桢忽然产生了一个念头，模仿司马迁的《史记》写一部明史。在这部史书里，朱国桢记录了大量的历史事实，并以朱史氏为名发表了大量的评论。遗憾的是，这本书还没有完成，朱国桢就去世了。朱国桢做官比较清廉，随着他的去世，朱家的家境渐渐衰落。迫于生计，朱国桢的后人将这部《明史》以一千两的白银卖给了同乡庄允诚。

庄允诚真是花钱买罪受。庄允诚是一个富商，商人怎么会买罪受呢？原因是不懂政治。

庄允诚也是望子成龙心切，他的儿子庄廷鑨从小就很有才华，可惜眼睛瞎了。庄允诚想起《史记》中的“左丘失明，厥有国语”，经常以此勉励儿子。他花重金买下这本《明书》，也是希望儿子能够流芳百世。

庄廷鑨以朱国桢的《明史》为蓝本，再参考其他一些资料，招徕宾客，共同编纂明朝史书，后取名为《明史辑略》，共一百多卷。

庄廷鑨确实希望通过这本书名垂后世，他投入了极大的心血。书成之后，他邀请了本地的知名学者、崇祯年间的进士李令晳为这本书作序。为了进一步扩大此书的影响力，他还邀请当时的一些名人参与修订此书，并将他们的名字写在书的前面，庄廷鑨本是一番好意，万万没想到却害死了这些人。

顺治十七年（1660年），这本书终于正式刊印出版了，没过多久，庄廷鑨就去世了。商人庄允诚非常悲痛，为了纪念儿子，他大量刊印此书。当时，庄允诚出版这本书丝毫没打算赚钱，他花费重金推广这本书，一方面是为了纪念儿子，另一方面也是觉得自己是在做一件有意义的事情。

庄允诚万万没有想到，死神正在等着他。这便是清初最大的文字狱——庄氏史狱。庄氏史狱给几十人带来了杀身之祸，甚至连几岁的小孩都不能幸免，可以想象这个案子有多么严酷。但是，离奇的是，有三人同样受到牵连却得以幸免，不但幸免，还分到了庄家的一些财产。这又到底是为什么呢？

这三个逢凶化吉的人分别是查伊璜、范骧和陆圻。查伊璜就是金庸的祖先，浙江海宁人，崇祯年间中举，参加过南明鲁王政权的反清活动，失败后在家当老师。查伊璜、范骧和陆圻都是当时江南的名士，和庄廷鑨是同乡。庄廷鑨把他们的名字也放在书的前面，本来他们也没在意。

顺治十八年（1661年），一次聚餐中，三位文人雅士谈到了此事，范骧取来一本《明史辑略》给查、陆二人看。查、陆二人啧啧满意，说："我们参阅，上面有名。"说明，最开始这三人对此还是满意的。

但是没过多久，这三人忽然将庄廷鑨告到官府，说庄廷鑨没有经过他们同意擅自把自己的名字写在封面上。这三位名士的态度怎么转变得这么快呢？其中必有隐情。

隐情并不复杂。范骧有一个朋友，叫周亮工，这个人在清朝当过布政司，还做过户部侍郎，后来得罪了领导被解职。当看到范骧的名字位列在《明史辑略》的参订人里，以他对清廷的了解，他觉得很不妥。他说虽然书中记载的是事实，但是很多地方用词大不敬，所以他建议范骧向官府检举。

这三位名士便向官府检举，官府人员却说："文章之事，不便备案。"显然，已经被庄允诚买通。康熙元年（1662年），严州司理认为这事关系重大，便拿着稿子去问学道胡尚衡的意见。胡尚衡根本不当一回事，严州司理便让湖州府调查此事。

湖州府学教授赵君宋听到这事，邀功心切，花了六两银子买了一本《明史辑略》，让自己的两个学生认真查看，想浑水摸鱼，自己都不肯动手，也够懒的。这两个学生从中挑出了几十处"大逆不道"的文字，赵君宋将这些文字记录下来，准备上报邀功。没想到，庄允诚得到这个消息，早已到官府打点完毕。

庄允诚相信有钱能使鬼推磨，以为不会有什么问题。

没想到，灾难只是还没有露面而已。李廷枢是顺治年间的进士，在浙江粮道任上时，因为贪污受贿分赃不均与归安县县令吴之荣相互揭发，最后两个人都判了绞刑。在监狱里待了六年，相当于死缓性质。恰逢顺治十六年（1659年），朝廷下来了一个大赦的诏书，两人才出狱。六年的监狱生活，让两人化敌为友，而且还互相联姻。

李廷枢以前是湖州知府陈永命的主考，相当于老师跟学生的关系，这种关系在古代官场是比较可靠的。李廷枢听说有人告发庄廷鑨，不想落人之后，赶紧买了一本，唆使陈永命一起去勒索庄允诚。庄允诚知道后，给陈永命送去几千两银子。陈永命拿到银子后，追回《明史辑略》书版，劈碎烧毁。李廷枢没想到，陈永命真不是个好学生，拿到银子后，一点都不给自己这老师。

李廷枢很生气，他把这本书交给自己的亲家吴之荣，希望吴之荣能够敲诈一笔钱。吴之荣是旗人出身，他很清楚满洲人忌讳什么，拿到书本一看，吴之荣就喜上心头。最开始，吴之荣并没有想置人于死地，只是想勒索一笔钱。

吴之荣登门造访，庄允诚不理他。吴之荣看庄允诚不买账，便向浙江将军柯奎告状，柯奎是满洲人。吴之荣对他说："庄氏是巨富，可以狠狠地敲诈一笔。"结果，庄允诚给柯奎送了一笔巨资，可惜柯奎一分钱都没有给吴之荣，估计是庄允诚在背后故意这么叮嘱他：不要给吴之荣这个小人一分钱。

吴之荣非常气愤，庄允诚这是明摆着看不起自己，给谁都送钱偏不给自己。怒从心里来，恶向胆边生。吴之荣再次翻了翻书，看着书中这么多犯忌的地方，发出恶毒的笑意。吴之荣心想，庄允诚，我就不信告不倒你，你的书里面对清朝皇帝的先祖直呼其名，就凭这一点也可以治你死罪；还有，在书里面，对于努尔哈赤的崛起，你却站在明朝的立场，用“兹患”这样的词语，要知道，清廷一直很自豪地称这是“龙兴”；对于明朝和清朝的战争，你这本书完全是站在明朝的角度，对于明朝的失败，非常痛惜，对于清朝的失败则喜形于色，反清的立场也未免太鲜明了吧！

吴之荣虽然产生了恶意，但他毕竟只是一个贪财的人，并不是大奸大恶十恶不赦之徒。他又厚着脸皮来到庄允诚的府上，卑躬屈膝地说，只要你给我一些银子，让我有个台阶下，这事情就解决了。庄允诚是牛脾气，他就是不答应吴之荣，这让吴之荣感觉无地自容。庄允诚实在讨厌吴之荣，买通了本地守道，控告吴之荣敲诈勒索，守道立刻派兵将吴之荣赶出境。

吴之荣多方活动，敲诈无门。无奈之下，他转而敲诈《明史辑略》的出版人朱佑明，在敲诈方面，吴之荣绝对是个锲而不舍的典型，换作别人，经历这么多失败早已放弃。

朱佑明也是一个腰缠万贯的大商人，他曾经购买了一间豪宅，并花费重金买下朱国桢的匾额“清美堂”。朱佑明将这块匾挂在家中的正堂上，颇为自得。应该说，朱佑明从身上拔一根毛也能满足吴之荣的需求。但朱佑明就是不拔，朱佑明当然不是什么铁公鸡，他只是瞧不起吴之荣这样的小人。吴之荣的本来就已经很低的自尊心再一次受到严重的伤害，这一次他被朱佑明撵到吴江去了。

也就是在这个时候，吴之荣铁了心，要报多次被撵之仇。以前是为了银子，现在是为了尊严。吴之荣知道向省里告是没有用的，这些人都被庄允诚买通了，现在唯一的途径就是进京上访。吴之荣将书中犯忌的字句全部摘录下来，并将书中原指朱国桢的“朱史氏”下面添刻“即朱佑明”等字，就这样，吴之荣揣着全部“犯罪事实”来到北京。小官吴之荣当然没法见到皇上，他首先向刑部控告朱、庄两家。

清朝统治者自打入关后就没有睡过一天踏实觉，他们很清楚，入关容易守城难。汉人向来视周边少数民族为夷狄，根本不把他们放在眼里，现在统治他们，他们心里肯定不舒服。对清朝最不满，最为看不起清朝的就是江南的那些贵族和文人，这些人借着文学交流的机会，动辄写诗讽刺清朝的统治者。

庄氏史狱发生在顺治年间，最后是在康熙朝结案。康熙元年（1662年）十一月，刑部派满族官员罗多到湖州调查。这一次再也没有人救得了庄允诚了，皇帝不差钱，所以贿赂不管用。经过一番初步的审理，庄允诚和朱佑明就被押解到北京，打入刑部监狱。

我们相信，在监狱中庄允诚一定非常后悔得罪小人。不到一个月的时间，庄允诚就病死在监狱里。朱佑明在监狱里碰巧和赵君宋关在一起，朱佑明知道赵君宋是最先告发庄氏史狱的，便对赵君宋说，只要你替我掩饰，我出狱后给你一半的家产。审讯过程中，赵君宋说自己家中有原版的《明史辑略》，在原版的《明史辑略》中没有“即朱佑明”这样的字，没想到的是这不但没有挽回朱佑明的生命，反而搭上了更多无辜的生命。

这吴之荣上京告朱、庄两家，是因为“敲竹杠”受了侮辱，跟那些参与修订作序的人无冤无仇，况且他和参与作序的李令皙还是好朋友，他绝对不想自己的朋友受到牵连。所以，吴之荣在向刑部检举之前，已经把书中记载序文和参与修订者那几页给撕掉了。本来，这些人有可能不会受到牵连。但是赵君宋供出自己家中有原版的《明史辑略》，一下子就把整个案子扩大化了。

当时康熙还是一个小孩子，做不了主，台面上是四个辅政大臣拿主意，台下是孝庄在幕后操作。不管是四个辅政大臣还是孝庄，对汉人都是没多少好感的。四个大臣以康熙皇帝的名义将朱、庄两家人和参与修订的人及其父兄子侄，年龄在十五岁以上的全部处死。被处死的有七十多人，其中被凌迟的有十八人。这些人的妻妾孩子，全部发配给功臣做家奴。

据说康熙二年（1663 年）正月二十日早上，湖州城城门紧闭，八旗官兵到庄氏史狱受牵连的人家中捉人，只要是涉及的人，家里的大小人口，包括奴婢，全部被抓。仅李令皙一家就抓了一百多人，当时正值新年，许多人到李家拜年，荒唐的是，连这些拜年的人都没能幸免，也被抓了起来。

庄廷鑨虽然在案发之前就已经去世，但由于是主犯，也没能逃脱惩罚。惩罚的方式是开棺碎尸，捣毁墓碑。清廷借着庄氏史狱打击那些对清朝不满的人，为了增强这种震慑力，凡是《明史辑略》中提到的人以及他们的亲戚朋友，全部锒铛入狱。不仅如此，连刻版、印刷、校对的人都不放过。更有甚者，连买书、看书、藏书的人也受到株连，这一案件，受牵连的人达到两千多。

庄氏史狱固然有吴之荣这样的小人推波助澜，但是根本的原因还是清政府对于思想的残酷禁锢。有清一朝，中国一度非常强大，康乾时期中国领土面积达几乎到历史上的峰值，十二清帝也不都是什么昏庸的皇帝。但强大并不能掩盖这样一个事实，整个清朝，思想和个性都被压抑得相当严重；直到晚清时，这种情况才有一定改观。

清朝与其说是败在列强手中，不如说是败在自身的僵化腐朽中，封建专制终究不是强国之道。

清朝皇帝列表

（清建国于1616年，初称后金，1636年始改国号为清，1644年入关。）

姓名	庙号	年号	年份	陵墓
爱新觉罗·努尔哈赤	太祖	天命	1616	福陵
爱新觉罗·皇太极	太宗	天聪　崇德	1627　1636	昭陵
爱新觉罗·福临	世祖	顺治	1644	孝陵
爱新觉罗·玄烨	圣祖	康熙	1662	景陵
爱新觉罗·胤禛	世宗	雍正	1723	泰陵
爱新觉罗·弘历	高宗	乾隆	1736	裕陵
爱新觉罗·颙琰	仁宗	嘉庆	1796	昌陵
爱新觉罗·旻宁	宣宗	道光	1821	慕陵
爱新觉罗·奕詝	文宗	咸丰	1851	定陵
爱新觉罗·载淳	穆宗	同治	1862	惠陵
爱新觉罗·载湉	德宗	光绪	1875	崇陵
爱新觉罗·溥仪		宣统	1909	华龙陵园

图书在版编目(CIP)数据

这才是清朝．2，定鼎中原 / 鹿鼎公子著．—2版．—北京：中国法制出版社，2023.6（2025.12重印）

ISBN 978-7-5216-2904-0

Ⅰ．①这… Ⅱ．①鹿… Ⅲ．①中国历史—清代—通俗读物 Ⅳ．①K249.09

中国版本图书馆CIP数据核字（2022）第173577号

策划编辑：胡 艺（ngaihu@gmail.com）

责任编辑：马春芳　　封面设计：汪要军

这才是清朝．2，定鼎中原

ZHE CAI SHI QINGCHAO. 2，DINGDING ZHONGYUAN

著者 / 鹿鼎公子

经销 / 新华书店

印刷 / 北京虎彩文化传播有限公司

开本 / 880毫米×1230毫米　32开　　印张 / 7.5　字数 / 148千

版次 / 2023年6月第2版　　2025年12月第6次印刷

中国法制出版社出版

书号ISBN 978-7-5216-2904-0　　定价：39.80元

北京市西城区西便门西里甲16号西便门办公区

邮政编码：100053　　传真：010-63141600

网址：http://www.zgfzs.com　　编辑部电话：010-63141815

市场营销部电话：010-63141612　　总编室电话：010-63141606

（如有印装质量问题，请与本社总编室联系。）